ALBRECHT BEUTELSPACHER

LE MERAVIGLIE DELLA MATEMATICA

66 esperienze spiegate attraverso i numeri

Traduzione di Umberto Gandini

PONTE ALLE GRAZIE

Titolo originale:
Einmal sechs Richtige und andere Mathe-Wunder

I 66 capitoli di questo libro sono stati pubblicati fra l'ottobre del 2000 e l'ottobre del 2006 in «La rubrica di Beutelspacher» sul periodico *bild der wissenschaft*. L'autore ha rivisto i testi per la presente edizione.

Si ringraziano Silvia Ghittoni e Carlo Capararo
per aver collaborato alla revisione del testo italiano.

Il nostro indirizzo Internet è:
www.ponteallegrazie.it

Ponte alle Grazie è un marchio
di Adriano Salani Editore S.p.A.

ISBN 978-88-7928-952-8

Introduzione

Lo rammento bene: all'inizio dell'estate del 2000 sono stato invitato per un colloquio da Wolfgang Hess, il direttore del mensile *bild der wissenschaft*. Per me era la realizzazione di un sogno di gioventù, perché da adolescente avevo divorato quel periodico e sognato – allora sognavo molto – di riuscire un giorno a scrivere per *bild der wissenschaft*.

Il colloquio serviva soprattutto per fare reciproca conoscenza, e perciò, dopo un poco, la conversazione è diventata spedita e briosa. Fino a quando Wolfgang Hess ha improvvisamente corrugato la fronte, ha fatto un profondo respiro e dichiarato con un'asprezza per me del tutto inattesa: « Gli articoli di matematica, nei periodici come il nostro, si occupano quasi esclusivamente di problemi astrusi... ma se ci tiene proprio a scrivere una rubrica su argomenti del genere, faccia pure! »

È stato uno di quei momenti della mia vita in cui mi sono reso chiaramente conto di trovarmi di fronte a un'occasione da non perdere. Però occorreva che dicessi le cose giuste. Una parola sbagliata, e mi avrebbero buttato fuori!

Lì per lì, per guadagnar tempo, mi sono limitato a ringraziare il signor Hess per la proposta e la fiducia. Ma intanto mi ero anche chiesto se fosse davvero il caso di accettare quell'offerta – pur di disporre finalmente di una rubrica tutta mia! – di presentare e illustrare problemi astrusi. E ho preso una ferma decisione: «Caro signor Hess, se puntiamo a una novità, facciamo qualcosa di cui siamo veramente convinti. Qualcosa che valga la pena di fare!» Lui non ha replicato, consentendomi di continuare il mio discorso. Gli ho spiegato che mi figuravo una rubrica dall'impronta molto personale, in cui emergesse il ruolo della matematica nella vita di ogni giorno. Dunque non testi in cui esporre «obiettivamente» le cose, ma resoconti di mie – reali o fittizie – esperienze. E gli ho menzionato come esempi e modelli Wolfram Siebeck e Axel Hacke.*

La fronte del signor Hess è tornata a spianarsi e, nel corso dei minuti seguenti, abbiamo fissato i criteri per concretizzare l'idea della rubrica: una pagina esatta, non una riga in più. Ogni volta una fotografia come illustrazione. E nessuna formula matematica.

E così ho cominciato. All'inizio avevo molti argomenti in cantiere, ma ben presto mi sono accorto che la regolarità della rubrica costituiva un impegno notevole. Mi ero detto che un mese era lungo, e invece ho dovuto imparare che il mese successivo viene più in fretta di quanto non si pensi. E nei mesi in cui la mia rubrica non è comparsa, mi hanno scritto lettere indignate e deluse.

Questo libro è una raccolta, ordinata cronologicamente, dei testi di quei miei articoli. Il lettore si accorgerà che, nell'arco di ormai sei anni, il mio stile si è

* Wolfram Siebeck cura da moltissimi anni una rubrica di culinaria per il periodico tedesco *Die Zeit*. Axel Hacke è invece il popolare autore di una rubrica settimanale sul quotidiano *Süddeutsche Zeitung* di Monaco di Baviera, nella quale espone con uno stile molto personale esperienze e riflessioni sulla vita quotidiana. (*N.d.T.*)

evoluto: all'inizio ho cercato punti di riferimento concreti nella vita di ogni giorno, mentre adesso scrivo sempre più storie in cui compaiono soprattutto la mia famiglia e gli amici.

Ringrazio molto i collaboratori di *bild der wissenschaft* per il loro costante incoraggiamento, per la pazienza che hanno avuto e hanno con me, e – naturalmente – per la scrupolosa cura redazionale. Sono particolarmente grato al signor Hess per l'opportunità che mi ha offerto. Grazie al signor Zick, che ha revisionato la maggior parte dei miei articoli, lavorandoci con molto impegno e con altrettanta meticolosità.

Last, but not least ringrazio tutte le persone che compaiono, per lo più senza essere state interpellate, nei vari capitoli: mia moglie, i miei due figli Christoph e Maria, i miei genitori e gli amici. Per loro tranquillità confesso che la maggior parte delle scene non si sono svolte proprio come le ho descritte: però è anche vero che si sarebbero potute benissimo svolgere esattamente così.

Giessen, gennaio 2007
Albrecht Beutelspacher

1

I numeri del signor Fibonacci

Sono i più bei fiori dell'autunno tedesco. Un luminoso, dorato ornamento della natura che, prima della stagione buia, ci ricorda ancora una volta, inconfondibilmente, l'estate.

Dai semi dell'elianto – questo il suo nome scientifico – si ricava l'olio di girasole. Ed è proprio in previsione di quest'impiego che, d'autunno, miriadi di stelle gialle ricoprono vasti campi della Germania.

Anche i matematici s'interessano ai semi di girasole. Ma non per il loro contenuto di grasso, bensì per la loro disposizione. Infatti questi semi non sono affatto collocati a caso, ma ordinati secondo regole precise. Costituiscono un modello, e i matematici amano i modelli. È attraverso i modelli che colgono le strutture.

Se si guarda attentamente la parte interna di un fiore di girasole, si nota che i semi sono disposti a spirali che si diramano da un punto centrale: spirali destrorse e spirali sinistrorse, con le une un po' più incurvate delle altre.

Quando si contano le spirali destrorse e quelle sinistrorse, si ottiene di volta in volta un numero. E non sono numeri qualsiasi, ma i numeri di Fibonacci, che costituiscono la più famosa serie numerica del mondo. Comincia con 1, 2, 3, 5, 8, 13, 21, 34, 55. Come prosegue? È semplicissimo: il numero seguente è quello che risulta dalla somma dei due precedenti. Il successivo numero di Fibonacci è dunque l'89, frutto dell'addizione 34 + 55 = 89.

Alla serie è stato dato il nome di uno dei maggiori matematici dell'Occidente, Leonardo da Pisa, detto anche Fibonacci, perché figlio di tal Bonacci. In un libro pubblicato nel 1202, il *Liber abbaci* [Libro dell'abbaco], dimostrò la superiorità del sistema decimale indoarabico rispetto all'allora ancora usuale numerazione romana. Fibonacci divenne famoso per la formulazione, nel suo testo, di un problema la cui soluzione sfocia nella serie a lui intitolata. Per illustrare questi numeri prese spunto dalla moltiplicazione dei conigli. Si domandò cioè quante coppie di discendenti avrebbe avuto una coppia di conigli d'una determinata generazione: sempre che i conigli, nella loro moltiplicazione, si fossero attenuti rigorosamente a certe regole. Naturalmente, nella realtà, i conigli si moltiplicano in modo così incontrollato che fra i discendenti d'una coppia compaiono tutti i numeri, compresi, com'è ovvio, quelli di Fibonacci.

Nei fiori di girasole si presentano invece soltanto i numeri di Fibonacci, con un'ulteriore particolarità: i numeri che risultano dalle spirali destrorse e rispettivamente sinistrorse dei semi sono sempre due numeri successivi della serie di Fibonacci, ovvero 8 e 13 oppure 13 e 21. Non ci credete? Provate a verificare!

A proposito: lo stesso fenomeno si riscontra nelle scaglie dell'ananas, nelle pigne e negli spini di certi cactus!

2

L'errore del signor Herberger

«La palla è rotonda!» si assicura che abbia detto, fra gli altri, anche il leggendario allenatore tedesco federale Sepp Herberger.* È una frase divenuta nel frattempo proverbiale.

Tuttavia è sbagliata.

Il pallone da calcio non è una sfera perfetta. È composto da singole pezze piane. Però, quando la palla è ben gonfia, le singole parti si incurvano verso l'esterno, così che ne risulta un oggetto senza spigolosità che rotola uniformemente sull'erba.

Certo, se si utilizzassero molte parti più piccole, si potrebbe ricavarne una forma anche più sferica. Ma chi mai riuscirebbe a cucire insieme tutte le numerose componenti? Nel caso del pallone da calcio si è quindi trovato un compromesso fra una struttura quanto più uniforme possibile e un numero quanto più piccolo possibile di componenti.

In un primo momento si pensa d'istinto che quelli cuciti insieme siano esagoni. Senonché con gli esagoni soltanto non si arriverebbe mai a fare una palla. Tre esagoni regolari si combinano perfettamente fra di lo-

* Nato nel 1897, morto nel 1977: guidò la nazionale tedesca di calcio fin dal 1936, portandola nel 1954 alla conquista del titolo mondiale. È l'equivalente tedesco del nostro Vittorio Pozzo. (*N.d.T.*)

ro, ma formano una superficie piana. Esattamente come nel caso dei favi delle api. Per arrivare dunque a un qualcosa di tridimensionale bisogna aggiungere altri esagoni e poligoni più piccoli: per esempio pentagoni. Nel caso del pallone si fa in modo che a ogni vertice si raccordino due esagoni e un pentagono. Si ottiene così una struttura sorprendentemente tonda. Se poi si va a contare e a verificare, si constata che ogni pallone è composto da dodici pentagoni e da venti esagoni, e che i pentagoni non si toccano mai fra di loro.

I matematici studiano già da molto tempo questi «corpi» composti nel modo più uniforme possibile da poligoni regolari. Sono detti solidi archimedei. Un altro esempio di solido archimedeo è la pallina di un gioco del calcio da tavolo, il Tipp-Kick. Ha una superficie fatta di quadrati e triangoli e non dà affatto l'impressione di essere sferica. Né si vuole che lo sia. Perché, in questo caso la palla non deve rotolare perfettamente, altrimenti a ogni tiro finirebbe fuori dal campo da gioco.

Il pallone da calcio non del tutto rotondo ha un ruolo spettacolare anche in altri contesti. Per esempio i chimici Harold W. Kroto dell'Università del Sussex, in Inghilterra, Robert F. Curl e Richard E. Smalley della Rice University di Houston, nel Texas, hanno scoperto che procedendo alla vaporizzazione laser della grafite si ottiene un aggregato stabile di atomi di carbonio: C_{60}. Questa gigantesca molecola è costituita da 60 atomi di carbonio combinati in modo tale da formare i 60 vertici di un minuscolo pallone da calcio molecolare. La relativa struttura è stabile perché gli atomi di carbonio si equilibrano e le tensioni sono distribuite in modo ottimale. La scoperta è stata onorata nel 1996 con il premio Nobel per la chimica.

La molecola C_{60} fa parte dei cosiddetti «fullereni», che devono il loro nome all'architetto Buckminster Fuller, il quale costruì parecchi edifici dalla spettacolare forma a cupola: per esempio il padiglione degli Stati Uniti all'Esposizione universale di Montreal del 1967. Gli scienziati hanno dato alla molecola di carbonio da loro scoperta il nome dell'architetto perché erano state le sue cupole ad accendere la scintilla che ha dato il via alla loro ricerca.

3

Stelle di Natale: dorate e interessanti

Quante punte ha una stella di Natale? Se pensate che cambino da stella a stella e che ce ne siano di diversi tipi, vi sbagliate.

Nei giorni che precedono il Natale, provate a girare per le strade, a guardare e a contare. Vi stupirete: ogni stella ha cinque punte. Ovviamente ve ne sono alcune ignoranti e rozze, che non sanno contare fino a cinque e che esibiscono sei punte. Be', certo, anche il 6 è un bel numero, ma il 5 è molto più interessante.

Domanderete: che cosa vuol dire «interessante»? Interessante significa, in ogni caso, «non molto semplice». Provate a disegnare a mano un pentagono regolare o una stella di Natale, e capirete quello che intendo dire.

In natura il numero 5 compare spesso: tagliate, per esempio, una mela a metà, ma trasversalmente, e quello che troverete non sarà un quadrato o un esagono, ma un pentagono!

Non appena la vostra attenzione sarà sensibilizzata in questo senso, scoprirete pentagoni e stelle a cinque punte un po' ovunque: il logo della casa automobilistica Chrysler, il simbolo della RAF,* le stelle della ban-

* Acronimo di Rote Armee Fraktion, ovvero Frazione Armata Ros-

diera americana oltre che quelle di vari stati islamici e così via.

Per i matematici la stella di Natale rappresenta da oltre duemila anni, in egual misura, un tesoro e una sfida. I pitagorici scelsero 2500 anni fa l'immagine dell'attuale stella di Natale come loro emblema (e lo chiamarono «pentagramma»). E scoprirono, nel pentagramma, un numero misterioso: le rette che uniscono punta a punta s'intersecano esattamente in quella che è chiamata la «sezione aurea». Si è in presenza di una sezione aurea quando si suddivide un segmento in modo tale che la sua lunghezza totale sia in rapporto con la parte maggiore esattamente come la lunghezza della parte maggiore è in rapporto con la minore. La sezione aurea è considerata un rapporto particolarmente bilanciato fra gli estremi, fra tensione e distensione; in breve, una misura di bellezza.

Con un po' di geometria e d'algebra si può anche calcolare questo rapporto: 1 più la radice di 5 diviso 2. Il risultato è 1,618 circa. Il punto che taglia il segmento secondo la sezione aurea si colloca quindi in corrispondenza del 61,8 per cento del segmento totale. È in questo rapporto che si intersecano anche i lati del pentagramma.

Questa scoperta ebbe conseguenze drammatiche. Ciò dipese dal fatto che la sezione aurea è un numero irrazionale. Il numero 1 più la radice di 5 diviso 2 non è esprimibile come rapporto fra due numeri interi. Ci si può ovviamente avvicinare a questo numero con delle frazioni, ma non si perviene mai a un risultato esatto.

sa, corrispettivo tedesco delle Brigate Rosse italiane, le quali avevano a loro volta una stella a cinque punte come simbolo: ma era, in quest'ultimo caso, di struttura irregolare. (*N.d.T.*)

Ciò dipende dalla radice di 5. Il numero $\sqrt{5}$ non è razionale, e quindi anche la sezione aurea è irrazionale.

I pitagorici, che scelsero il pentagramma come loro emblema, impiegarono parecchio tempo per capirlo. In linea di principio erano convinti che tutto, ma proprio tutto al mondo potesse essere descritto con i numeri interi e i loro rapporti, e dunque con numeri razionali. A un certo momento, però, si resero conto che nemmeno il loro emblema era descrivibile mediante numeri razionali! Perché in esso si palesa inconfondibilmente un numero irrazionale, cioè la sezione aurea.

Vi stupite ancora che le stelle di Natale siano così belle, così interessanti... e così eccitanti?

4

Inutile negare: è stato inequivocabilmente lei!

Succede anche a voi? È una follia quello che spendo per il telefono. Troppo, decisamente troppo. E il costo del mio cellulare è anche più salato. È bello poter telefonare dappertutto, ed è comodo essere raggiungibili ovunque. Ma è anche caro.

Potrebbe venirvi la voglia di chiedere: ma come fa la società telefonica di cui mi servo a sapere che ho fatto tutte quelle conversazioni? Chissà che, con un trucchetto, non sia possibile arrivare a non dover più pagare bollette facendo sì che il gestore della rete mandi il conto a qualcun altro? Certo, per il gestore della rete sarebbe una catastrofe! O quanto meno terribile se dovesse rivolgersi ai tribunali per riuscire a ottenere faticosamente ciò che gli spetta.

Per questo coloro che hanno sviluppato la rete di telefonia mobile GSM (Global system for mobile communication) hanno messo a punto una tecnica che risolve a priori il problema. Il gestore di una rete può infatti dimostrare con una certezza quasi matematica di aver identificato i suoi utenti, e di aver quindi mandato il conto all'indirizzo giusto.

Per ottenere ciò gli sono del tutto indifferenti l'utente e il telefonino usato. Fondamentale è il SIM (Subscriber identification module), il piccolo chip che vi consegnano nel momento della sottoscrizione del contratto e che inserite nel telefonino. Il gestore della rete lo può identificare.

E qui entra il ballo la crittografia, una disciplina matematica che non è più scindibile da molti prodotti moderni. Senza di lei non funzionerebbero né la vostra carta di credito né il telecomando per le serrature della vostra automobile. Il sistema GSM è stata la prima grande applicazione in cui è stata utilizzata la crittografia. Per esempio per cifrare le conversazioni, ma solo nei casi in cui era inserito nella normale rete di telefonia fissa.

La crittografia entra però in gioco anche quando si tratta di identificare il SIM. Perché ciò avvenga, occorre che nel chip del SIM vi siano due cose: un algoritmo e una chiave segreta. L'algoritmo è uguale in tutti i chip, mentre ogni SIM ha la sua propria chiave: il suo segreto particolare! Anche presso il gestore della rete sono presenti sia l'algoritmo che la chiave per ogni SIM concesso.

L'identificazione è un giochetto raffinato. Non una semplice domanda («Qual è il tuo nome?»), ma un sistema di domanda e risposta: «Io ti faccio una domanda alla quale tu puoi dare la risposta giusta solo se sei il SIM autentico!» La domanda consiste in un numero scelto a caso. Il SIM calcola la risposta applicando l'algoritmo: e precisamente sia al numero casuale che alla chiave. La risposta dipende dunque tanto dalla chiave del SIM, quanto dal numero casuale (la «domanda») scelto dal gestore della rete. Quest'ultimo può a sua volta calcolare la risposta.

È un giochetto ripetuto in continuazione: all'inizio di ogni conversazione, e talora anche durante. Di volta in volta con un numero casuale nuovo e quindi con una corrispondente nuova risposta. È una procedura decisamente valida.

Mi dispiace, dunque. Volenti o nolenti, dovete rassegnarvi al fatto che il gestore della vostra rete ovvero il vostro SIM vi identifichino inequivocabilmente. E di fronte a simili argomenti farete bene a non mettere in discussione la bolletta.

5

Il tetto olimpico

È una delle opere più belle ed eleganti che l'architettura del XX secolo abbia mai realizzato. Stabile e leggera, slanciata e suggestiva, in grado di proteggere e di avvincere in ugual misura. Un autentico colpo di genio!

Sto parlando del tetto a tenda dello stadio olimpico di Monaco di Baviera, simbolo delle Olimpiadi che vi si disputarono nel 1972.

Ma perché quel tetto è tanto bello? Pensate che sia una questione di gusto, e che i gusti non si discutano? Che c'è chi si commuove davanti ai balconi di legno ornati di gerani, chi si entusiasma per i nanetti schierati in giardino, e chi giudica bello il tetto olimpico? No, la questione non sta in questi termini. Non è soltanto un fatto di gusto, perché nel tetto è insita la bellezza della matematica!

Come arrivarono gli architetti a concepire quelle forme arcuate in un modo tanto inconsueto? Il tetto fu progettato dall'Istituto per le strutture portanti leggere dell'Università di Stoccarda sotto la direzione di Frei Otto. I collaboratori dell'istituto non si dedicarono alla ricerca di folli idee di design, anzi: mirarono alle forme più semplici. E per arrivarci fecero esperimenti e osservazioni.

Osservarono innanzi tutto... le bolle di sapone! Proprio così. Giocarono con le bolle di sapone proprio come i bambini. Non si limitarono alle bolle sferiche, ma immersero nel liquido saponoso ogni genere di struttura in filo metallico e osservarono, estraendole, che cosa ne scaturiva.

Sono esperimenti che potete fare anche voi. Riempite un catino d'acqua, aggiungeteci una buona dose di detersivo e lasciate riposare il tutto per un po'. Poi prendete un filo di ferro, piegatelo in modo da formare una qualsiasi struttura più o meno chiusa, immergetela nell'acqua saponata e, in attesa di tirarla fuori e di guardare, cercate di immaginare quali superfici ne scaturiranno quando l'avrete estratta. Ecco, è venuto il momento di sollevare il congegno. Rimarrete sorpresi! Se per esempio avrete dato al fil di ferro la forma di un tetraedro (piramide con base triangolare), non si formeranno semplicemente delle membrane di sapone in corrispondenza delle quattro superfici. Osserverete invece, all'interno del tetraedro, un punto dal quale le superfici si diramano verso gli spigoli del tetraedro: una composizione di mutevole e cangiante bellezza.

Quelli di Stoccarda fecero in quell'occasione migliaia di prove, tutte documentate, e cercarono infine la forma più adeguata per lo stadio olimpico: esattamente come, in precedenza, era stato fatto per il padiglione tedesco dell'Esposizione universale che si svolse a Montreal nel 1967.

Nelle membrane di sapone c'è della matematica. E più precisamente una matematica davvero difficile: quella delle superfici minime. L'acqua saponata ha infatti una qualità «matematica». È una qualità sola, è vero, che essa realizza tuttavia con assoluta coerenza e senza compromessi: si forma sempre in modo che la sua superficie sia la più piccola possibile. A ogni deformazione anche minima la superficie diviene più grande, la tensione maggiore... e di conseguenza la membrana ricade di scatto nella sua condizione di partenza.

La matematica delle superfici minime è decisamente difficile, perché occorre risolvere le più complicate equazioni differenziali. In molti casi, anche oggi, è più facile realizzare una superficie minimale con l'acqua saponata che definirla matematicamente.

A saperle guardare, anche in queste formule matematiche si esprimono la stabilità e l'insuperata eleganza del tetto olimpico, le cui forme paiono scaturite «semplicemente così» e danno quindi, proprio per questo e nonostante le loro gigantesche dimensioni, una spiccata impressione di naturalezza.

Andate a guardarlo, quel colpo di genio, se vi dovesse capitare di passare da quelle parti. Ne vale la pena.

6

Morte nel lago Vittoria

Il lago Vittoria è uno dei più vasti al mondo e il più grande del continente africano: la sua superficie è di poco inferiore a quella dell'intera Baviera e circa tre volte la Lombardia. Però non è quasi più navigabile perché si sta coprendo di un impenetrabile strato di vegetazione. Il giacinto d'acqua, una pianta dai bellissimi fiori viola pallido, sta invadendo il lago.

Questo apparentemente amabile «mostro» fu notato la prima volta, sulle rive del lago Vittoria, nel 1988. La *Eichhornia crassipes* si moltiplica con spietata velocità. A una temperatura ottimale, dai 25 ai 27,5 gradi, le occorrono dai cinque ai quindici giorni per raddoppiare la propria superficie d'estensione. Inesorabilmente. In condizioni meteorologiche particolarmente favorevoli, il lago ne viene ricoperto al ritmo di 2 mila ettari alla settimana.

Le conseguenze sono drammatiche: lo spesso tappeto del giacinto d'acqua distrugge le rive, invade le spiagge e blocca i porti. L'ossigeno non riesce più a penetrare nell'acqua, i pesci muoiono. In compenso dilagano le lumache, le zanzare e i serpenti. Se non accadrà presto qualcosa, il lago Vittoria andrà incontro al collasso. E forse è già troppo tardi.

I matematici possono prevedere la catastrofe. Chiamano questo pressoché inconcepibile modo di dilagare, nel corso del quale la quantità raddoppia da un momento all'altro, «crescita esponenziale». L'aspetto drammatico di questi processi di crescita sta nel fatto che, inizialmente, il tutto sembra molto innocuo, ma poi la velocità di diffusione diviene «improvvisamente» tanto grande che non rimane quasi il tempo per adottare contromisure. Quando metà del lago Vittoria sarà invasa, ci vorranno solo quattordici giorni perché sia interamente coperto. Anche se la crescita esponenziale è preventivamente calcolabile, alla fin fine risulta inimmaginabile: soprattutto perché ne constatiamo nella realtà solo i primi passi. Per fortuna.

Per chiarirvi l'inconcepibilità della crescita esponenziale, vorrei fare con voi un esperimento. Niente paura, non vi succederà niente. Non è ripugnante, né vi esporrà a una brutta figura. Però vi consentirà di constatare qualcosa d'incredibile!

Prendete un gran foglio di carta. Che spessore avrà? Supponiamo un decimo di millimetro. Ora piegate il foglio a metà e sovrapponete accuratamente le due parti. Adesso la sua superficie è dimezzata e lo spessore è raddoppiato, però la carta rimane ugualmente molto sottile. Ora piegate di nuovo a metà il foglio e sovrapponete con cura le due parti. A questo punto ha uno spessore quadruplo rispetto al singolo foglio. Ripetete la procedura e avrete uno strato che ha già lo spessore d'un millimetro circa, e di cui sappiamo che è otto volte quello dell'originale. Dunque il foglio aveva effettivamente, all'inizio, pressappoco lo spessore di un millimetro.

Adesso fermatevi, e io vi domando: quante volte dovrete piegare il foglio per avere uno strato alto come la distanza fra la Terra e la luna?

È ovvio, questo non può che essere un esperimento

mentale. Perché all'ultimo raddoppio dovreste piegare a metà uno strato alto già circa 180 mila chilometri per farne uno di 360 mila chilometri. E son cose che si possono realizzare solo in via ipotetica.

Però ci si può porre una domanda. E darsi anche la relativa risposta: 42. Sì, avete letto bene: 42. Non 42 mila o 42 milioni, ma proprio e soltanto 42. Non perché 42 sia la risposta a tutte le domande, ma perché il numero si può calcolare: 2 elevato alla quarantaduesima per 0,1 millimetri dà come risultato 439.804 chilometri circa, che è ben di più della distanza che ci separa dalla luna.

A proposito, per la distanza fino al sole non occorrerebbe piegare molte più volte il foglio: ne basterebbero in tutto cinquanta.

Non ci credete? Rifate il calcolo! Però lo ammetto: è una faccenda veramente inconcepibile.

7

Facciamolo come le api

I favi delle api sono fra le più belle strutture della natura. Ogni cella aderisce perfettamente alle vicine, tanto che fra le une e le altre non rimane il benché minimo spazio libero. È uno straordinario esempio d'economia e della bellezza strutturale che ne risulta.

Ogni cella è esagonale. E non sono esagoni qualunque, ma esagoni regolari: tutti i lati hanno la stessa lunghezza e tutti gli angoli la stessa ampiezza.

Perché le api ricorrono, fra le varie strutture possibili, proprio all'esagono? Perché non scelgono i triangoli o i quadrati che sarebbero forse più semplici da costruire? Perché non optano per i pentagoni, visto che in tal caso dovrebbero contare solo fino a cinque? E, una volta avventuratesi verso i grandi numeri, perché non costruiscono ottagoni che sarebbero anch'essi assai belli?

A queste domande si possono dare chiare risposte matematiche. Un evidente presupposto è che le celle dei favi devono aderire fra di loro perfettamente. I matematici chiamano «tassellazione», ovvero copertura «a parquet», la copertura perfetta e senza sovrapposizioni d'una superficie da parte dei suoi elementi costituenti.

Con quali poligoni regolari si può ricoprire a parquet una superficie? Ognuno conosce la tassellazione a quadri. La troviamo nei bagni, per esempio, e anche la carta quadrettata è un esempio di parquet a base di elementi quadrati. I favi sono invece parquet fatti di esagoni regolari. Anche un parquet composto di triangoli equilateri è facile da realizzare: basti pensare, per esempio, al piano del gioco della Dama cinese.

Una prima risposta della matematica al problema dei favi delle api è dunque questa: tutte le tassellazioni finora elencate sono composte da un determinato numero *n* di angoli uguali. Se dunque desiderate che il rivestimento del vostro bagno risulti dalla composizione di un numero *n* di angoli uguali, potete farlo solo ricorrendo ai triangoli, ai quadrati o agli esagoni. Perché? È molto semplice: con gli altri poligoni regolari non si può nemmeno cominciare a disporre un parquet, perché il tentativo fallirebbe già ai primi passi. Non funziona, per esempio, ricorrendo ai pentagoni. Ogni pentagono regolare ha angoli di 108 gradi. Se si accostano a un vertice tre pentagoni, rimane un vuoto, e se si tenta di combinarne quattro si hanno sovrapposizioni.

E se ci si prova con ettagoni, ottagoni o con poligoni d'un maggior numero di lati ancora, non si riesce nemmeno ad accostare tre componenti a un vertice senza arrivare ad accavallamenti, e questo perché tali poligoni hanno tutti gli angoli d'ampiezza superiore ai 120 gradi.

Perché le api scelgono gli esagoni anziché i triangoli o i quadrati? Anche per questa domanda c'è una risposta matematica. I favi servono per l'allevamento delle larve. La larva, a una prima osservazione dall'alto, si presenta come un qualcosa di circolare. Fra le possibili forme di favo, l'esagono è la più «rotonda», tanto che le larve vi trovano la migliore collocazione.

La teoria delle tassellazioni è una disciplina viva della matematica, la quale indaga, fra l'altro, con che tipi di lastre o piastrelle si può pavimentare una superficie. Per esempio con ogni genere di triangolo regolare. Basta ruotare il triangolo attorno al punto mediano d'un suo lato perché dalla combinazione del triangolo originale e di quello prodotto dalla rotazione risulti un parallelogramma con il quale si può pavimentare perfettamente una superficie. Lo stesso accade con qualsivoglia quadrato.

Nel caso dei pentagoni e degli esagoni il problema si fa più interessante, ovvero più difficile, perché non si può coprire una superficie con un qualsivoglia pentagono o esagono. E quindi occorre accertare quali siano quelli con cui funziona...

8

Azzeccarne sei!

Sapete che cosa mi farebbe arrabbiare, ma proprio tantissimo? Mi propongo di spiegarvelo in relazione con il settimanale tentativo di cogliere la fortuna. Supponiamo che io giochi ogni settimana al Lotto. Traccio regolarmente le mie crocette sulla schedina e pago la posta. Sì, è vero, so che le probabilità di imbroccare il risultato giusto, il cosiddetto «6 su 49»,* e vincere il primo premio sono decisamente minime. Si possono perfino calcolare esattamente: in fase di estrazione, ci sono 49 probabilità per la sfera con il numero che è estratto per primo; per la seconda le probabilità sono 48, per la terza 47 e così via. Quando è estratta la sesta sfera, le probabilità sono ancora 44.

Subito dopo l'estrazione i numeri sono ordinati secondo grandezza. Se per esempio sono stati estratti in successione i numeri 13, 21, 6, 44, 25, 10, la sequenza sarà 6, 10, 13, 21, 25, 44. Ai fini della vincita importano comunque solo i numeri estratti, non la successione secondo la quale sono stati estratti. Ciò significa che ogni combinazione fra i sei numeri è

* In Germania le estrazioni del Lotto avvengono una sola volta alla settimana. È inoltre chiamato Lotto quello che in Italia è l'Enalotto, per il quale è notevolmente più difficile vincere il premio massimo, dovendo indovinare sei numeri giusti su 90, invece di 6 su 49. (*N.d.T.*)

trattata alla stessa maniera. Poiché esistono esattamente $6 \times 5 \times 4 \times 3 \times 2 \times 1$ disposizioni delle sei sfere, il numero di tutte le sequenze possibili è uguale a $49 \times 48 \times 47 \times 46 \times 45 \times 44 : (6 \times 5 \times 4 \times 3 \times 2 \times 1) =$ 13.983.816. Un numero enorme. Dovrei giocare poco meno di 14 milioni di serie di numeri per garantirmi il sei giusto.

Per riuscire a figurarci meglio questo numero, supponiamo che io giochi regolarmente e tenti la fortuna per 50 anni. Ogni settimana. E che per dare una spinta alla fortuna io giochi ogni settimana sei serie di numeri. Quanto è alta la probabilità di azzeccare almeno una volta il 6? Piccola in una misura davvero scoraggiante: non è nemmeno del 2 per mille!

Non mi arrabbierei per le poste puntate e perdute. O quanto meno non molto. Le vene mi si gonfierebbero per l'ira invece se, la volta che mi andasse bene, ovvero che imbroccassi finalmente il 6, io dovessi poi dividere la «mia» vincita con altri! Se si trattasse di un solo altro vincitore, lo smacco sarebbe ancora digeribile, al limite anche se fossero due. Ma se fossero 100? Oppure 1000? Allora sì che mi arrabbierei!

Può succedere? Accade di continuo.

È un'arrabbiatura che vorrei risparmiarmi. Già che gioco i miei soldi al Lotto, mi piacerebbe non dover spartire con altri la vincita. Devo quindi possibilmente scegliere la mia serie in modo che nessun altro abbia puntato sugli stessi numeri. A dirlo così, sembra più difficile di quanto non sia. Ovviamente io non so su quali numeri puntano gli altri giocatori. Però so che molti di loro commettono errori che sarebbe meglio evitare.

Innanzi tutto: non rincorrere nessun modello. Le crocette non vanno disposte «bellamente» sulla schedina. Niente file, diagonali o cose simili. Molte persone ritengono che sia una scelta buona e si comportano di conseguenza.

Poi: non solo i numeri sotto il 31. Molti puntano infatti sulle date delle nascite loro o di parenti, amici e conoscenti.

Inoltre: evitare i numeri usciti nelle estrazioni delle settimane passate. È incredibile ma vero: molti giocatori puntano i numeri dell'estrazione precedente oppure le serie vincitrici di estrazioni avvenute all'estero.

La volta che io giocassi davvero al Lotto, lo farei in modo che chi mi legge non possa scovare la mia serie. Del resto non dovrebbe nemmeno provarci... perché non ne caverebbe proprio niente.

9

Il segreto del tredicesimo numero

«Ma cos'è quel *bip*? Sta dando i numeri?» Se vi rivolgeste così alla cassiera di un supermercato, quella sicuramente si offenderebbe. E a ragione. Certo che produce di continuo dei *bip*, e precisamente tutte le volte che espone della merce allo scanner. Il problema insorge solo se non fa *bip*. Significa che lo scanner ha letto male, e che potrebbe attribuire alla merce in questione un prezzo maggiore. Con il suo *bip* la cassa dice invece: «Okay, tutto a posto, ho letto esattamente i dati!»

Ora il problema è riuscire a capire come uno stupido lettore di numeri possa accorgersi di aver letto giusto o sbagliato. La risposta è: perché nei numeri è inserito un sistema matematico.

Lo scanner legge un lungo numero. Un numero di 13 cifre. Ogni cifra ha importanza. Le prime due indicano il paese (80 = Italia; 40 = Germania; e così via), le successive cinque denotano la ditta produttrice della merce e le altre cinque ancora il prodotto. Rimane ancora una cifra, fondamentale per noi. Perché con l'aiuto di questa «cifra di verifica» (o di controllo) lo scanner può capire se ha letto giusto o sbagliato.

Come è calcolata la cifra di verifica? Con l'aiuto della cara e vecchia somma delle cifre che compongono un numero: il principio di base consiste nello stabilire che la cifra di verifica (o di controllo) debba essere tale per cui la somma delle singole cifre che compongono l'intero numero sia un multiplo di dieci. Si fa innanzi tutto la somma delle prime dodici cifre e si sceglie il numero di verifica in modo che integri con il suo apporto il successivo multiplo di dieci. Se la somma delle prime dodici cifre è per esempio 37, allora il numero di controllo è 3.

Per verificarlo basta procedere alla somma di tutte le cifre (compresa dunque la tredicesima) che compongono il numero. Se il risultato non è un multiplo di dieci, allora c'è sicuramente un errore e il numero non è accettato. Se invece la somma delle cifre è un multiplo di dieci, allora o l'errore non c'è oppure ce ne sono almeno due. Ma quest'ultima è un'eventualità talmente inverosimile da non prendere neppure in considerazione.

Fin qui l'idea di base. Però gli inventori dei numeri per il codice a barre non si sono fermati qui. Hanno voluto essere certi che lo scanner si accorgesse anche di un eventuale scambio fra le cifre che compongono la sequenza numerica. Questo succede soprattutto quando la cassiera o chi per lei «batte» di suo pugno la sequenza: per esempio legge 43, però «batte» 34.*

Per accorgersene si è dovuto ricorrere a una somma particolarmente raffinata delle cifre componenti i numeri: una somma in cui anche le posizioni delle cifre in successione sono distinguibili perché hanno diverso peso. Il trucco è semplice. Si moltiplicano via via i numeri della sequenza alternativamente per 1 e per 3, e solo

* Questo errore è piuttosto frequente nei paesi in cui si parla il tedesco, perché in tedesco il 43 si dice e si legge non «quarantatré» ma «dreiundvierzig», e cioè «tre e quaranta», esattamente come si legge e si dice il 25 non venticinque ma «cinque e venti» ecc. (*N.d.T.*)

dopo si procede alla somma di questi prodotti. Osservate i numeri che seguono:

numero (senza cifra di verifica)	4	0	0	6	3	0	5	1	8	0	2	3
fattore di moltiplicazione	1	3	1	3	1	3	1	3	1	3	1	3
prodotto	4	0	0	18	3	0	5	3	8	0	2	9

La somma dei prodotti è 52, e quindi il numero di verifica o di controllo (a integrazione del successivo multiplo di dieci) è 8. Verificate pure questo codice su una merce di vostra scelta. (Attenzione però: esistono anche codici di otto cifre. In questi casi la successione dei fattori di moltiplicazione è: 3 – 1 – 3 – 1 – 3 – 1 – 3 – 1.)

Questo codice è detto anche EAN (European article number). Grazie a esso la cassa scopre singoli errori o scambi: o quanto meno la maggior parte di loro. La cassa fa *bip* solo quando la «somma ponderata orizzontale» è un multiplo di dieci.

Per parte sua il codice a barre non è che la traduzione delle cifre che figurano sotto in simboli grafici leggibili da parte della macchina.

Sappiatelo dunque in avvenire: se la cassa fa *bip*, per voi è un buon segno!

10

Artisti romani del calcolo

XXVIII significa... Un momento!

Dunque I è uno, V è cinque e X vuol dire dieci. In linea di principio il numero è dunque facile da leggere. Le cifre più grandi stanno davanti. Il nostro esempio comincia con due X e quindi abbiamo 20. Poi ci sono il V, che sta per cinque, e tre I. E quindi possiamo leggere il numero senza problemi:

$$\text{XXVIII} = 10 + 10 + 5 + 1 + 1 + 1 = 28$$

Apparentemente ogni segno numerico romano significa sempre lo stesso, a prescindere dalla sua collocazione. X vuol dire sempre dieci, M sempre 1000. Lì per lì si potrebbe pensare che ciò costituisca un vantaggio rispetto al nostro sistema, nel quale il valore della cifra è determinato dalla sua collocazione. Invece è vero il contrario. Per rappresentare con le cifre romane numeri molto elevati occorre inventare sempre nuovi segni. I romani non avevano segni per numeri superiori al centomila. Rappresentavano il 100.000 con il segno I incorniciato, il 200.000 con il II incorniciato e così via.

Benché le cifre romane non fossero state create per il calcolo, ma solo per la rappresentazione dei numeri, almeno l'addizione risulta, in linea di principio, semplice. Si scrivono i numeri in successione e si sommano.

Come figura per esempio in cifre romane l'addizione 28 + 15?

XXVIII + XV = XXVIIIXV = XXXVVIII =
XXXXIII

Senonché tutto questo funziona solo «in linea di principio». Perché, introducendo una semplificazione nella scrittura delle cifre, i romani si fecero lo sgambetto da soli. Ovvero non scrissero più IIII per rappresentare il 4, ma IV, e cioè 5 – 1. Invece di XXXX preferirono XL che significa 50 – 10. Il che ha degli ovvi vantaggi quando bisogna scolpire i numeri nella pietra, ma per il calcolo le conseguenze sono catastrofiche. Perché una cifra a questo punto può avere significati differenti: normalmente I sta a dire che occorre aggiungere 1, ma se I precede V o X, allora significa che l'1 va sottratto.

A questo punto viene spontaneo domandarsi: ma allora i romani come calcolavano? Perché dovevano pure calcolare. Senza calcoli non avrebbero potuto costruire il Colosseo né amministrare un impero universale. La risposta è: i romani non calcolavano per iscritto, ma con l'ausilio dell'abaco, dando forma scritta solo al risultato.

Certe complesse operazioni di calcolo sembrano assolutamente impossibili: XIV per XXIII? Tuttavia esisteva un trucco geniale, che i romani potevano eseguire bene con il loro abaco. Il trucco funziona come segue.

Si scrivono i due numeri da moltiplicare uno accanto all'altro. Si dimezza il numero di sinistra e si scrive il risultato sotto. Nel farlo si procede con generosa approssimazione: se la divisione esatta non è possibile, si omette il resto. Se il numero di partenza è XIV, si scrive sotto VII, e più sotto ancora, ripetendo l'operazione di dimezzamento, III. Si continua così fino ad arrivare a I. Nella colonna di destra si raddoppiano invece via via i numeri.

E adesso arriva il clou: si sommano quei numeri della colonna di destra il cui numero corrispondente nella colonna di sinistra è dispari! E il risultato è giusto.

Prendiamo, per illustrare la procedura, l'esempio XIV per XXIII:

XIV	XXIII
VII	XLVI
III	XCII
I	CLXXXIV

Abbiamo dunque: XIV × XXIII = XLVI + XCII + CLXXXIV = CCCXXII. Ovvero, nella scrittura che ci è più familiare: $14 \times 23 = 46 + 92 + 184 = 322$.

Sembra complicato, ed è complicato: però i romani moltiplicavano proprio così!

11

Realtà distorta

Forse sarà già successo anche a voi: camminate lungo una strada e guardate la raffigurazione di una bicicletta, e precisamente quella di una bicicletta tratteggiata a spruzzo sull'asfalto. Vi sembra però in qualche modo strana, sghimbescia e distorta. Che colui che l'ha dipinta non sia stato attento?

Sapete benissimo che aspetto ha una bicicletta. E pensate che il disegno della bicicletta si dovrebbe riportare sull'asfalto correttamente e quindi proporzionato. Non può essere tanto difficile. Eppure qui non ci sono riusciti. La bicicletta risulta in una certa misura alterata. È quello che vedete, e avete ragione: dal vostro punto di vista, ovvero quello di un pedone che sta in piedi proprio accanto all'immagine e guarda in giù la bicicletta disegnata.

Ma ci sono anche altri punti di vista. L'automobilista che si avvicina da lontano e scorge la bicicletta rappresentata sull'asfalto – da una determinata distanza – vede l'oggetto raffigurato esattamente! Sembra proprio una normale bicicletta. Ogni sua parte è in rapporto preciso con le altre. Tutte le proporzioni sono esatte.

La soluzione del mistero si chiama prospettiva. L'immagine non è venuta male: la bicicletta è stata intenzionalmente disegnata in quel modo sproporzionato perché, dalla distanza, sembri «giusta». È stata prospetticamente distorta in base a regole precise.

Come possiamo figurarcelo? Quando percepiamo due tratti come ugualmente lunghi? È molto semplice: quando vediamo i punti finali di entrambi i tratti dallo stesso angolo di visuale. Tutti i tratti che scorgiamo da un angolo di visuale di – poniamo – dieci gradi, li percepiamo di uguale lunghezza. In concreto ciò significa: se la bicicletta fosse disegnata proporzionatamente («correttamente») davanti a noi su una superficie verticale, percepiremmo – grosso modo – d'uguale lunghezza le parti della bicicletta rappresentate d'uguale lunghezza.

Però la bicicletta giace piatta a terra. Osservandola da una certa distanza, cogliamo un tratto di dieci centimetri che è davanti, dunque nella «parte bassa» della bicicletta, da un angolo di visuale maggiore rispetto a un tratto di dieci centimetri che è più in là, ovvero nella «parte alta» della bicicletta. Il tratto che è più lontano ci appare dunque più breve.

Per la rappresentazione prospettica si procede all'inverso: si disegnano i tratti che stanno più lontani proporzionalmente più lunghi. In tal modo cogliamo a distanza tutti i tratti che in una bicicletta vera hanno lunghezza uguale dallo stesso angolo di visuale: e li percepiamo di uguale lunghezza.

L'arte del disegno prospettico fu inventata oltre cinquecento anni fa in Italia. Grazie a essa i pittori poterono rappresentare su una tela bidimensionale spazi tridimensionali. Quest'effetto spaziale deve aver fatto allora parecchia sensazione.

Volete sapere dove potete vedere rappresentazioni prospetticamente distorte in modo spettacolare? Alla prossima partita di calcio in tv osservate le superfici pubblicitarie dietro le linee di fondo, alle spalle della porta. Sembrano disposte verticalmente, mentre sono in realtà adagiate piatte sul terreno. La prospettiva è stata impostata in modo così preciso che, dal punto di vista della telecamera, l'illusione risulta perfetta. Ma se poi guardate la stessa situazione dalla prospettiva di un'altra telecamera, scoprite che la pubblicità è distorta e giace piatta sul terreno. Fateci caso alla prima occasione!

12

Simmetria è bello

Quando siete distesi in spiaggia durante le vostre ben meritate vacanze, potete osservare con tutta calma le persone attorno a voi. Poiché queste si aggirano per lo più scoperte, la loro più o meno perfetta bellezza si palesa senza correttivi. Ci sono individui decisamente attraenti, e ce n'è di quelli dinnanzi ai quali non trovereste nulla da ridire se avessero conservato coperte le loro nudità.

Però tutti hanno un connotato fondamentale della bellezza: sono simmetrici. Osservati dal davanti o dal di dietro, noi esseri umani consistiamo di due parti (quasi) uguali. Lo so, ci sono delle piccole differenze fra la destra e la sinistra che rompono la simmetria perfetta: il cuore sta a sinistra e la scriminatura laterale dei capelli, sempre che li si porti così, sta da una parte oppure dall'altra. Però, sostanzialmente, noi esseri umani siamo in ampia misura simmetrici.

Abbiamo una tale familiarità con gli oggetti simmetrici che ci circondano nella vita di ogni giorno, che di regola non li percepiamo nemmeno consapevolmente. Gli animali sono simmetrici, ma anche i veicoli, molti edifici e alcune piante.

La simmetria produce stabilità: esseri e veicoli asimmetrici, se procedessero senza guida, non si muoverebbero diritti ma in circolo. I grandi edifici, in passato, venivano sempre impostati simmetricamente. Ritengo che lo si facesse per due ragioni. Innanzi tutto gli edifici simmetrici sono più stabili di quelli asimmetrici. È una cosa che ho constatato fin da bambino tentando di realizzare con le costruzioni una torre alta il più possibile. Inoltre un edificio simmetrico fa anche più impressione d'uno asimmetrico. Non è dunque il caso di meravigliarsi che gli edifici di rappresentanza, dai castelli alle scuole, alle stazioni ferroviarie, fossero impostati simmetricamente.

La simmetria è indice di ordine. In una disposizione simmetrica non c'è nulla di eccentrico. Quest'aspetto della simmetria ha effetti positivi e negativi. Un'immagine di gruppo ordinata e ben disposta fa una buona impressione. D'altra parte le sfilate di massa, del genere che amano i regimi totalitari, traggono il loro fascino, in parte, anche dall'impressione della fusione delle individualità in un tutto omogeneo. In tal modo è segnalato anche: tu non sei che una parte del tutto, e chi non sta in riga viene espulso.

La simmetria è bellezza. Molti dipinti sono impostati simmetricamente. Evocano un'impressione di tranquillo equilibrio oppure di una contrapposizione ricca di tensione. È solo mediante una simmetria adeguatamente complessa che si stabilisce un giusto rapporto fra l'ordine e il caos.

Interessanti esempi di simmetria che vediamo quotidianamente sono i cerchioni delle automobili. In loro si fondono stabilità e bellezza. Poiché i cerchioni sono tondi, la loro è una simmetria circolare. Ciò significa che un cerchione ha lo stesso aspetto da qualunque angolo di visuale. In presenza d'una simmetria articolata in cinque spicchi, si può girare la ruota di 72 gradi (360 gradi diviso 5) e questa avrà lo stesso aspetto di prima. Ci sono cerchioni d'ogni genere: vi compaiono simmetrie articolate in cinque, sette, perfino nove settori.

Ed esistono due specie di cerchioni: quelli che hanno solo una simmetria circolare, e quelli che hanno anche assi specularmente simmetrici. Ciò significa che i cerchioni hanno non solo, dopo una rotazione, lo stesso aspetto di prima, ma si possono anche suddividere in metà speculari. Guardatevi attorno! Potrete scoprire strutture matematiche anche in quest'esempio di ricorrenza quotidiana.

13

La parabola sulla casa

In un passato non troppo lontano le parabole satellitari non esistevano ancora. Tutte le case erano tendenzialmente lisce e squadrate, e non avevano i profili alterati da quegli aggeggi rotondi e sporgenti.

Era così fino a poco tempo fa. Il ricorso alla televisione satellitare da parte delle emittenti private è stato regolato da leggi, un po' ovunque nell'Europa occidentale, sul finire degli anni Ottanta. Il primo satellite Astra è per esempio entrato in esercizio negli ultimi mesi del 1988. Non dimentichiamolo: le antenne satellitari sono state, dopo la caduta dei regimi totalitari nell'Est europeo e in particolare dopo la riunificazione tedesca, una delle merci più vendute nei paesi di recente democrazia.

All'inizio le antenne paraboliche (i «padelloni») non sfuggirono alle contestazioni. Si levarono proteste da parte dei responsabili della tutela dei monumenti e perplessità da parte delle persone attente all'estetica e all'armoniosità degli edifici. Rimostranze tanto giustificate quanto inutili. La tecnica delle antenne satellitari si è imposta con grandissima velocità e senza cedere a compromessi. La ragione è palese: con una tecnica semplicissima (osservate di quanti pochi elementi è fatta un'antenna parabolica) si possono captare ovunque i programmi televisivi trasmessi via satellite.

Come funzionano le parabole? È evidente: i segnali irradiati dai satelliti sono catturati e focalizzati nella parabola. La focalizzazione avviene in modo che il piccolo ricevitore che è fissato davanti alla parabola satellitare possa riceverli concentrati e inoltrarli. Il ricevitore è collocato nel punto focale del padellone come il ragno nella rete.

Perché i raggi si concentrino nel punto focale, occorre che l'apparecchio sia esattamente orientato. Il che non è affatto semplice. Lo si può immaginare nei seguenti termini: l'antenna satellitare è una struttura di simmetria circolare, la quale deve essere orientata in modo che il suo asse di rotazione sia puntato direttamente verso il satellite.

La parabola funzionerebbe se conferissimo alla lamiera una curvatura qualsiasi? O si potrebbe utilizzare, in caso di necessità, anche un'insalatiera? No! Il vero segreto dell'antenna satellitare sta proprio nella forma. Le parabole funzionano solo se hanno una forma assai precisa: devono avere un punto focale.

Cominciamo con l'osservare l'oggetto rotondo non come un tutto, ma tagliandolo – mentalmente – a metà. Il nostro taglio passa per il punto centrale e si protende in un piano con l'asse di rotazione. La parabola si divide in due parti, e lungo il taglio si coglie una curva. Che è poi quella che conta.

La parabola è proprio quella curva. Forse avete delle reminiscenze scolastiche della parabola. Di solito le parabole che si studiano a scuola hanno però, sulla carta, un aspetto diverso: appaiono più strette. Eppure anche la curva di sezione d'una antenna satellitare è una parabola. E ci si può figurare – matematicamente – il padellone come frutto della rotazione di una parabola attorno all'asse di simmetria.

Tutti i matematici e quasi tutti gli studenti sanno che ogni parabola ha un punto focale. I raggi vengono riflessi in modo da passare per il punto focale. Però solo quelli che scorrono paralleli all'asse di simmetria della parabola. Per questo, per una buona ricezione dei programmi, l'antenna deve essere esattamente orientata.

Perché la sezione di un'antenna satellitare non assomiglia a una parabola «normale»? È semplicissimo: in tal caso il punto focale sarebbe molto vicino al vertice della parabola, ma talmente vicino che non ci si potrebbe sistemare, per ragioni esclusivamente tecniche, un ricevitore. D'altra parte: più la parabola è piatta, più il punto focale è situato all'esterno.

In sintesi, il successo del padellone satellitare dipende alla fin fine dalla matematica delle parabole.

14

La linea della collana

Ai miei occhi mia figlia è la più bella del mondo. Le vorrei tanto comperare qualche capo d'abbigliamento, ma lei non me lo consente. Maria ha infatti un gusto molto particolare e spiccato, ed è sicura che io non ne abbia idea. Inoltre trae un enorme piacere dallo shopping e ci dedica molto tempo. T-shirt, pantaloni e gonne devono piacerle al cento per cento. Appunto perché ha un gusto speciale...

Ancor più difficile dell'acquisto degli indumenti è la scelta degli accessori. In quest'ambito la sua idea di bellezza si concilia raramente con l'offerta del mercato (e con le disponibilità del suo borsellino). La scelta degli anelli è ancora relativamente semplice. Invece quella d'una collana costituisce un'autentica sfida. Maria impiega un'eternità nella ricerca, e preferisce non comperare niente piuttosto che una cosa che non le stia a pennello. La volta però che trova finalmente una collana di suo gradimento, l'indossa e me la mostra – il che non è sempre scontato –, e le sta che è una meraviglia.

Ovviamente il risultato è gradevole perché mia figlia è bella. Secondo me. Ma c'è anche un'altra ragione, stavolta matematica, ed è la forma elegante che una collana automaticamente assume. È sostenuta dalla nuca e si protende verso il basso sui due lati del collo. Scende prima in verticale, conserva quindi per un bel tratto una linea abbastanza ripida, e solo in fondo culmina in un arco slanciato.

I matematici, di solito, si figurano una simile «linea della collana» o catenaria senza mia figlia. La collana, o la catenella se preferite (ma anche la catena dalla quale è stata derivata la parola «catenaria»), scende appesa a due punti – per esempio i due lati del collo – e pende per il resto libera, senza essere cioè appoggiata. Proprio perché, anche appoggiata, la forma che una collana assume quando è indossata da una persona è solo approssimativamente una catenaria matematicamente perfetta.

Nell'ambiente che ci circonda possiamo cogliere vari esempi di catenarie: i fili delle linee elettriche formano catenarie fra un traliccio e l'altro, esattamente come una corda per saltare. Perfino i ponti, anche se quasi impercettibilmente, hanno la linea d'una catenaria. (Però i ponti sospesi e quelli sostenuti in molti punti hanno una forma leggermente diversa.)

Constatiamo così che le catenarie sono più larghe o più strette a seconda della distanza fra di loro dei due punti da cui pendono. L'interessante è però che esiste, sostanzialmente, una sola «linea di collana». Ce n'è di grandi e di piccole, e noi ne cogliamo generalmente vari segmenti. Però otterrei la stessa curva formata dal filo di una linea elettrica anche se ingrandissi adeguatamente un segmento della collana di mia figlia.

È come nel caso dei quadrati. Ne esiste una sola specie; i matematici precisano che due quadrati sono sempre simili fra di loro. Ci sono invece forme diverse di rettangoli: uno che sia lungo e stretto e uno invece corto e largo sono dissimili anche dal punto di vista matematico.

Esattamente come due quadrati, anche due catenarie

sono simili. La forma, che sia grande o piccola, è una sola.

Si potrebbe pensare che la catenaria sia una parabola. È un'idea che viene spontanea, ma non è giusta. Si può sovrapporre il vertice di una parabola a quello di una catenaria ovvero di una «linea di collana». Per un breve tratto le linee paiono coincidere, ma poi la catenaria sale con una pendenza maggiore rispetto alla parabola. In sostanza la pendenza d'una catenaria cresce in modo esponenziale, e dunque in modo assai più marcato rispetto alla parabola.

Queste e altre descrizioni mediante formule matematiche della catenaria furono escogitate nel corso di una specie di gara, nell'anno 1690, dai signori Gottfried Wilhelm Leibniz, Christiaan Huygens, Johann e Jakob Bernoulli, altrettanti campioni della prima fase del calcolo infinitesimale. Non sapevano che cosa fossero le linee elettriche, ignoravano l'esistenza dei ponti autoportanti e non conoscevano nemmeno mia figlia Maria. Ciò nonostante intuirono che cosa le une, i secondi e la terza hanno in comune.

15

Caleidoscopi

Quei tubi di cartone incollato, direte voi, sono roba da bambini. È passato un sacco di tempo da quando avete guardato l'ultima volta dentro uno di quegli affari.

Ricordate ancora che cosa avete visto? Molti colori? Un modello? E quando giravate il tubo l'immagine cambiava?

È tutto vero, ma è solo una parte della verità. Basta volgere verso la luce un caleidoscopio qualunque, anche senza ruotarlo, per stupirsi – prima meraviglia – del fatto che da quelle schegge, o perline di vetro o plastica che siano, risulti un'immagine molto più grande dell'apertura del tubo. Quando poi si ruota lentamente il caleidoscopio, i frammenti che contiene non si muovono a casaccio, ma formano un modello. I settori marginali si spostano sincronicamente con quelli interni: sembra quasi che siano pilotati insieme da un qualche meccanismo esterno. Se si guarda con molta attenzione, se ne scopre l'effetto: quando le perline di vetro si rovesciano mentre il tubo gira, alcune rotolano in senso orario e altre in senso opposto.

Un giocattolo? Certo. Però noi adulti vogliamo sapere come funziona.

«Caleidoscopio» è una parola di origine greca che significa «visore di belle immagini». È la realizzazione commerciale di uno dei pochi esperimenti fisico-matematici che sia protetto da un brevetto. Fu il fisico scozzese David Brewster a ottenere il 10 luglio 1817 la patente per questo giocattolo. Nel 1819 scrisse anche un testo intitolato *Treatise on the Kaleidoscope* rendendo così popolare il suo tubo.

Che cosa c'è in un caleidoscopio che valga la pena di essere patentato? Come per tutti i brevetti, occorre innanzi tutto che vi sia un problema e che se ne fornisca poi la soluzione tecnica. Il problema che Brewster si pose fu la produzione di bei modelli ottici; la soluzione che brevettò consistette nell'uso di specchi.

All'interno del caleidoscopio non ci sono infatti solo frammenti e perle colorate di vetro o di plastica. Di per sé non offrirebbero un bello spettacolo, e in ogni caso non costituirebbero un modello. Questo si realizza solo mediante l'impiego di tre specchi, e in modo del tutto automatico. Gli specchi sono disposti in maniera da formare, in sezione, un triangolo equilatero. Nella parte terminale il caleidoscopio è delimitato da due lastre di vetro opalescente fra le quali ci sono le perline e i frammenti.

Come mai gli specchi producono modelli così belli? Figuriamoci per un momento una sola perlina. Questa è riflessa da tutti e tre gli specchi: dal primo, dal secondo e dal terzo. Però anche l'immagine speculare della perlina nel primo specchio è riflessa nel secondo e nel terzo specchio. E anche queste «immagini speculari di seconda specie» sono a loro volta riflesse. E così via. Nel complesso ne scaturisce un modello infinito. In un caleidoscopio non è inserita ovviamente una sola perlina: ce ne sono moltissime, le quali assumono disposizioni del tutto casuali. È l'effetto specchio a produrre la struttura. La bella immagine si realizza del tutto spontaneamente. E il relativo fascino si spiega con la combinazione di ordine e caso.

La prossima volta che dovesse capitarvi di guardare in un caleidoscopio, concentrate lo sguardo non sui colori dell'immagine, ma sulla sua struttura. Ravviserete un modello composto tutto di triangoli equilateri. Ogni triangolo che si vede verso l'esterno è l'immagine speculare del triangolo adiacente interno.

Vi accorgerete così che si può comprendere che cosa accade in un caleidoscopio. Comunque il «visore di belle immagini» non perde affatto il suo fascino.

16

Linee rivelatrici

Vi si può leggere nella mano, e soprattutto nelle linee, il carattere, il passato e il futuro. Almeno c'è chi lo sostiene. Ma è un'affermazione assai poco attendibile, e probabilmente anche voi siete del parere che si tratti solo di sciocchezze.

Io vi chiedo molto di meno. Non tutta la mano, ma solo un dito, e di questo dito mi basta un'impronta. Non perché vi ritenga dei delinquenti. Anzi, dalla vostra impronta digitale non posso desumere niente. Non mi consente di ricostruire il vostro passato né di prevedervi il futuro, e men che meno di indagare il vostro carattere. Né io intendo farlo.

L'impronta digitale serve solo a distinguervi dalle altre persone. Perché non esistono due persone con la stessa impronta digitale. Perfino i gemelli identici o monozigoti si differenziano in questo particolare. Detto con maggiore prudenza: si è calcolato che la probabilità di trovare in due persone diverse la stessa impronta digitale è circa una su un miliardo.

Di fatto, il rilevamento dell'impronta digitale non coinvolge l'intero dito e nemmeno tutto il polpastrello, ma solo lo strato papillare, ovvero le linee superficiali del dito. E a ben considerare non interessano nemmeno loro, come complesso, ma soltanto le terminazioni e i punti di diramazione dello strato papillare, le cosiddette «minuzie». E non abbiamo bisogno neppure di tutte queste minuzie, perché ne bastano venti in tutto per poter identificare con certezza una persona.

È una meraviglia che il sistema funzioni. Ed è evidente che questo scarno estratto della vostra impronta digitale non può contenere informazioni essenziali su di voi.

L'impronta digitale è un esempio della cosiddetta «procedura biometrica di identificazione». Si può ravvisare una persona sulla base di molte caratteristiche esteriori: io riconosco mia moglie dall'aspetto, dalla voce, dall'andatura. Segni di riconoscimento tecnicamente utilizzabili sono, oltre alla vecchia impronta digitale, anche il volto, la voce nonché la misura del fondo oculare.

L'importanza della procedura biometrica di identificazione si è drammaticamente accentuata dopo l'11 settembre 2001. La ragione è evidente: in presenza di un documento con impronta digitale si può senz'ombra di dubbio verificare se appartiene alla persona che lo esibisce o meno. Il documento d'identità con impronta digitale rappresenta una nuova dimensione per premunirsi dalle falsificazioni. In breve: l'impronta digitale di mia moglie attesta la sua identità molto meglio della fotografia sul passaporto. Ma non diteglielo, per favore!

Ovviamente ci sono anche argomenti contro l'inserimento dell'impronta digitale nel documento d'identità: poiché lasciate la vostra impronta digitale praticamente ovunque, si potrebbe ricostruire con un dispendio di mezzi relativamente poco elevato ogni vostro movimento.

Dal novembre del 2005 ogni passaporto rilasciato nell'Unione europea è corredato di una fotografia digitalizzata. Dal novembre del 2007 ogni passaporto tedesco federale è anche corredato di due impronte digitali del titolare. È prevedibile che la prassi sarà presto estesa anche ad altri paesi.

17

Castelli di carta greci

Ci sono state occasioni in cui ci siamo avventurati in un ristorante anche quando i nostri figli erano ancora piccoli. Ero convinto che dovesse essere piacevole pure per i bambini. Di volta in volta, durante i primi minuti, ho anche potuto illudermi di aver avuto ragione: la scelta del tavolo, la consultazione del menù, la decisione di che cosa bere e mangiare, e anche la prima puntata nella toilette hanno provveduto alla distrazione. Ma al più tardi quando finiva rovesciato il primo bicchiere di limonata la situazione diventava critica.

Sono momenti ai quali i genitori devono essere preparati. Se sul tavolo c'è, per esempio, un numero sufficiente di sottobicchieri di carta, allora si può ricorrere alla costruzione di un «castello di carte». Accostare obliquamente due sottobicchieri, di quelli quadrati in uso per i boccali di birra, è semplice. Però già l'edificazione di un castello di due piani richiede concentrazione. Si accostano innanzi tutto due volte due carte obliquamente una all'altra, poi si dispone sopra, in equilibrio e orizzontalmente, un sottobicchiere a fungere da tetto e ci si dispongono – con prudenza – altre due carte inclinate.

La stabilità del castello di carte dipende anche dalla base. Su un tavolo troppo liscio è facile che il tutto scivoli e crolli. Su una tovaglia il castello regge molto meglio, ma se mio figlio Christoph si protende per afferrare un sottobicchiere, la tovaglia si sposta e allora occorre avere fortuna perché il castello di carte non si disfi.

Posso capire Christoph quando cerca di accaparrarsi gli ultimi sottobicchieri, perché si esauriscono presto. Ormai abbiamo impiegato già sette cartoncini. Quanti ne occorreranno per fare un castello di tre piani? Christoph e Maria si impadroniscono di tutti i sottobicchieri a portata di mano, e a questo punto anche le persone sedute ai tavoli vicini hanno già fatto conoscenza dei nostri figli.

Non sono bravo a costruire castelli di carte, perciò comincio col pensare a quanti sottobicchieri ci occorreranno. Mi figuro che l'edificio a due piani di sottobicchieri vada a costituire i due piani superiori di una costruzione più elevata. Il pianterreno «infilato sotto» richiederà tre volte due carte accostate e due sottobicchieri disposti orizzontalmente come copertura. Vi si aggiungeranno dunque otto carte, e ce ne vorranno in tutto 15.

«Di quanti sottobicchieri avremo bisogno per un castello di quattro piani?» Evidentemente ho formulato la domanda ad alta voce, perché Maria risponde con la spavalda sicurezza di chi è molto bene informato: «Ma se non riuscirai a farne nemmeno uno di tre! Prova piuttosto ad aiutare un po' noi!» Christoph protesta: «Per favore no, altrimenti non ce la faremo mai!»

Ciò nonostante mi domando: quante carte ci vorranno per quattro piani?... Il come arrivare a edificarlo è evidente: si solleva – in teoria – il castello di carte di tre piani e ci si costruisce sotto un pianterreno: occorreranno 4 per 2 carte più le 3 che fungeranno da tetti, e quindi altre 11 carte che concorreranno a un totale di 26.

Come proseguire? Quale sarà il numero successivo? Conto con pazienza e arrivo a un fabbisogno complessivo di 40 sottobicchieri. Che esista una formula generale per procedere oltre nel calcolo? Sì, certo che esiste: per un castello di carte di *p* piani occorrono esattamente p (3p + 1) : 2 sottobicchieri di cartoncino. Per un castello di carte di dieci piani ci vorrebbero dunque 10 per 31 diviso 2 e quindi 155 sottobicchieri.

Simili serie numeriche hanno un'antichissima tradizione. I greci studiarono già 2500 anni fa i numeri cosiddetti «figurati»: per esempio i numeri quadrati, ovvero i numeri che scaturiscono disegnando un quadrato. Oppure i numeri triangolari 1, 3, 6, 10... che risultano disegnando sistematicamente triangoli. Sono convinto che i greci avrebbero studiato anche i numeri dei castelli di carte 2, 7, 15, 26 se fossero esistiti già allora i sottobicchieri per i boccali della birra!

«Papà, guarda!» esclama Maria. Sul serio: i miei figli hanno costruito un castello di carte. Di quattro piani! Una vera impresa. Sono entusiasta soprattutto della loro cooperazione e li lodo come meritano. Però non mi rimane il tempo per spiegare loro che hanno impiegato esattamente 26 sottobicchieri e che gli antichi greci si occuparono in linea di principio di analoghe serie numeriche. Infatti sta arrivando il cameriere che porta loro le immancabili cotolette con contorno di patatine fritte.

18

Ellissi al bar

La Pasqua è un momento di alta stagione in Vaticano. Centinaia di migliaia di fedeli raggiungono Roma in pellegrinaggio per essere presenti quando il papa impartisce la benedizione «urbi et orbi» alla folla sterminata che si raduna nella tonda piazza davanti alla basilica di San Pietro.

Piazza San Pietro fu progettata nel 1656 da Gian Lorenzo Bernini in modo da poter accogliere un'immensa quantità di persone. Suggerisce un senso d'imponenza e di superiorità, ma non di oppressione. E ciò dipende, fra l'altro, dalla forma. La piazza non è quadrata e non ha un evidente lato destro e sinistro, un davanti e un dietro. Non costituisce nemmeno un cerchio regolare, ma si estende a forma di ellisse, anch'essa curva nobilissima. L'ellisse è una figura dotata di un bell'equilibrio: ha la stessa curvatura a destra e a sinistra, così come in alto e in basso. Non ha angoli o spigoli, ed è più larga che lunga. Perché nelle giornate normali il compito della piazza è quello di accompagnare le persone verso la basilica di San Pietro.

Si coglie così un ulteriore espediente tecnico-scenografico dell'architetto: la piazza non conduce in direzione longitudinale verso la basilica. Si estende all'inizio in larghezza trasversale per poi convogliare con ancora maggiore evidenza le persone verso la basilica di San Pietro.

È da supporre che i fedeli, dopo la benedizione, abbiano anche necessità terrene. Andranno cioè in cerca di una delle numerose trattorie dei dintorni per pranzare. Però forse, prima, berranno anche un aperitivo in uno degli ancora più numerosi bar. La pellegrina, dopo i primi sorsi, terrà forse inclinato davanti a sé il bicchiere cilindrico con il succo d'arancia, e il suo accompagnatore sorseggerà lo spumante da un calice conico.

Entrambi vedono che le superfici delle loro bevande non sono circolari, ma in una certa misura ovali. Forse ricorderanno loro la forma di piazza San Pietro. Infatti, sotto il profilo matematico, si tratta nell'un caso come nell'altro dello stesso fenomeno: un'ellisse.

L'ellisse al bar può essere addirittura considerata la definizione matematica di questa forma geometrica. Le ellissi sono cosiddette sezioni coniche. Ciò significa che si ottiene un'ellisse quando si taglia linearmente, ma in modo più o meno inclinato un cono.

Ora sarebbe troppo complicato e anche inutile tagliare un bel calice conico, di quelli che si usano per lo spumante. Si ottiene infatti lo stesso effetto inclinando il bicchiere e osservando la superficie del liquido. Quella dello spumante forma un'ellisse.

Ma come mai anche la superficie del succo d'arancia, che è in un bicchiere cilindrico, è a sua volta un'ellisse? Ciò dipende dal fatto che il cilindro è un cono al limite: se – mentalmente – allunghiamo via via la punta del cono, il cono diverrà sempre più affusolato, la sua superficie esterna sempre più ripida, sempre più tendente alla forma cilindrica. E, al limite, quando la punta si colloca «all'infinito», otteniamo un cilindro.

A proposito: nell'osservare attentamente il calice inclinato, potreste pensare che la superficie che lo spumante costituisce non sia affatto un'ellisse, ma assuma semmai una forma ovoidale, più affusolata in basso e più piatta in alto. Se è questo che sarete indotti a credere, vi troverete in ottima compagnia. Perfino il grande Albrecht Dürer, al quale non si può certo contestare una percezione difettosa dello spazio, era di questo parere. Fece addirittura dei disegni per dimostrare l'apparente forma ovoidale d'una sezione conica.

Però in questo caso Dürer si sbagliò. La superficie dello spumante, nel calice inclinato, forma effettivamente un'ellisse, dunque una curva che ha non solo in alto e in basso, ma anche a destra e a sinistra lo stesso aspetto: una curva con due assi simmetrici.

19

La leggerezza dell'estrarre radici

Qual è la radice tredicesima di 1.265.437.718.438.866.624.512?

Come prego? Di quel meganumero? Ma se si fatica già a contarne le cifre!

Non sapete come si ottiene la radice tredicesima? Pensate che sia impossibile da calcolare? Siete convinti che, accertato il risultato, potreste presentarvi a «Scommettiamo che...»?

Forse, sì. In ogni caso, per la soluzione, non vi occorrerebbero facoltà soprannaturali né cognizioni straordinarie, ma solo un po' di matematica.

Risolviamo preliminarmente un problema più semplice: la radice quinta di 1.350.125.107. La radice quinta di un miliardo, trecentocinquanta milioni, centoventicinquemila, cento e sette. Un numero enorme. Eppure ve lo prometto: fra cinque minuti, al più tardi, saprete risolvere il problema anche voi!

Che cos'è la radice quinta? Be', è il numero che, moltiplicato cinque volte per se stesso, dà come risultato 1.350.125.107. Per esempio la radice quinta di 32 è 2, perché $2 \times 2 \times 2 \times 2 \times 2 = 32$. Lo si scrive comunemente in una forma più sintetica: $2^5 = 32$. Allo stesso modo la radice quinta di 243 è uguale a 3, perché $3^5 = 243$.

E così arriviamo dunque alla radice quinta di 1.350.125.107. Il primo trucco consiste nell'individuare la cifra che rappresenta le unità della radice, ovvero del risultato. È molto semplice: nel nostro caso è il numero 7. Ciò dipende dal fatto che, nell'elevare alla potenza di 5, la cifra delle unità non cambia: per ogni numero x, x e x^5 hanno la stessa cifra delle unità. Se il numero x ha come cifra delle unità il 3, allora anche x^5 ha come cifra delle unità il 3. Ovviamente, nell'elevare alla potenza, molte cose cambiano, e specialmente la grandezza del numero. Ma nell'elevare alla potenza di 5 la cifra delle unità non cambia.

Basta dunque rilevare la cifra rappresentativa delle unità del numero da cui occorra estrarre la radice quinta. Perché è anche la cifra delle unità della radice quinta! Nel nostro esempio la cifra delle unità è dunque 7. E il problema è già risolto a metà!

Poi dobbiamo scoprire anche la cifra rappresentativa delle decine. Si potrebbero ovviamente calcolare semplicemente i numeri 7^5, 17^5, 27^5 ecc. Ma ci si può arrivare anche in un modo più elegante: stimando semplicemente fra quali numeri denotanti le decine debba collocarsi la radice. Per esempio 40^5 = 102.400.000, dunque un numero più piccolo del nostro. Perciò la radice deve essere maggiore di 40. Poiché 60^5 = 777.600.000 è anch'esso inferiore al numero dal quale siamo partiti, anche la radice deve essere maggiore di 60. Sapendo che 70^5 = 1.680.700.000 > 1.350.125.107, la radice è inferiore a 70. Quindi la radice che cerchiamo deve essere il numero 67. Vedete com'è semplice?

E come la mettiamo con la radice tredicesima del nostro meganumero? Cominciamo innanzi tutto con la cifra delle unità. Nel caso dell'«alla tredicesima» funziona lo stesso trucco di «alla quinta». È una regola valida in generale. Nell'elevare alla potenza di 5, 9, 13, 17... il numero che rappresenta le unità non cambia. È una cosa che il matematico svizzero Eulero accertò esaminando contesti molto più generali. Ed è per ciò che questo dato di fatto è detto teorema di Eulero, benché il matematico in questione, un genio straordinario, abbia dimostrato anche migliaia di altri teoremi.

A proposito: anche nel caso di altre potenze (per esempio alla terza, alla settima, alla millesima) esiste una precisa funzione delle cifre che indicano le unità, solo che è un po' più difficile ricordarla che nel caso dell'elevazione alla tredicesima potenza.

Qual è dunque la radice tredicesima del nostro meganumero? Non c'è nemmeno bisogno che lo leggiate con precisione, vi basta guardare l'ultima cifra per saperlo: la cifra delle unità della radice tredicesima è 2.

E la cifra delle decine? Per arrivarci bisogna di nuovo determinare le grandezze; in altre parole, occorre calcolare le potenze 10^{13}, 20^{13}, 30^{13} eccetera. 40^{13} è 671.088.640.000.000.000.000, un numero di 21 cifre. Poiché il nostro meganumero ha 22 cifre, la radice deve quindi essere superiore a 40. D'altra parte 50^{13} ha già 23 cifre. Ne dedurrete che la radice tredicesima del meganumero si colloca fra 40 e 50. E dunque è 42!

In avvenire non fatevi impressionare. Certo, sono tanti i «numeri» incredibilmente difficili da realizzare: per esempio, estrarre conigli da cilindri, segare in due fanciulle vergini senza spargere sangue, far sparire la Statua della Libertà. Ma estrarre radici non lo è. Basta un po' di memoria per riuscire a stabilire l'ordine di grandezza della cifra delle decine, e un po' di matematica per quella delle unità.

20

Giochi di dita

Quando andavo a scuola io era vietatissimo far calcoli con le dita. Guai se la maestra vedeva che, nel riportare durante un compito d'addizione («riporto 2»), io protendevo il corrispondente numero di dita. Mi rimproverava severamente. Però a tutt'oggi non ho ancora capito perché dovrebbe essere sbagliato.

Infatti con le dita si calcola che è una meraviglia. E non sto parlando dell'uso delle dita come una specie di deposito in fase di riporto: se fosse tutto qui, sarebbe noioso. Vi svelo invece due trucchi con i quali potrete fare grande impressione nel corso di qualunque party. Entrambi dimostrano che le nostre dieci dita non sono altro, in sostanza, che una perfetta macchina per moltiplicare!

Il primo trucco riguarda le moltiplicazioni per 9. Quanto fa 7 per 9? Lo dovreste aver imparato sui banchi di scuola e quindi saperlo: $7 \times 9 = 63$. Un numero nel quale c'è a sinistra la cifra 6 e a destra il 3. Ma se ve lo foste dimenticato, potreste arrivarci facilmente con le dita. Come? Così.

Protendete tutte e dieci le dita. Poi contate da sinistra a destra fino al numero che volete moltiplicare per nove. Nel nostro esempio è il 7. Cominciate dal mignolo della mano sinistra, poi passate all'anulare e così via.

Il 7° dito è l'indice della vostra mano destra, e voi piegatelo all'ingiù.

A questo punto avrete l'esito della moltiplicazione sotto gli occhi: 6 dita a sinistra di quello piegato e 3 a destra. Il risultato è infatti 63. Un caso? Provateci! Quanto fa 4 × 9? Cominciando da sinistra, contate fino a 4. Il conteggio si ferma all'indice della mano destra. Piegatelo. Avete 3 dita a sinistra e 6 a destra, e quindi il risultato è 36.

È evidente la ragione per cui il trucco funziona: nella tabellina del nove la somma delle cifre che rappresentano le unità e di quelle che rappresentano le decine è sempre 9. Per maggior precisione, di volta in volta, in progressione, la cifra delle decine aumenta sempre di uno, e quella delle unità diminuisce di 1.

Il secondo trucco che voglio confidarvi è un po' più complesso e molto diverso dal precedente, ma servirà a fare molti più calcoli: non solo a moltiplicare per 9, ma anche per 6, 7 e 8.

Poniamo che vogliate calcolare quanto fa 7 × 8. La vostra mano sinistra sta per il primo fattore, e cioè per il 7, la destra per il secondo fattore, e dunque per l'8.

Innanzi tutto dovete integrare il primo numero fino a ottenere 10: «Quanti ce ne vogliono dal 7 al 10?» È chiaro: occorre aggiungerne 3 al 7. Quindi sollevate tre dita della mano sinistra. Fate lo stesso con il secondo fattore: «Quanti ce ne vogliono dall'8 al 10?» Non è difficile: occorre aggiungerne 2 all'8, e quindi alzate due dita della mano destra.

A questo punto alcune dita sono protese in alto mentre altre sono abbassate. Le dita puntate verso il basso sono quelle «pesanti»: quelle cioè delle decine. Nel caso vostro ci sono cinque dita rivolte all'ingiù, e questo significa 50. Le dita protese verso l'alto sono invece quelle per arrivare a stabilire la cifra delle unità. Ma stavolta non sommando i numeri, bensì moltiplicandoli! E quindi calcolerete: 2 × 3 = 6. Complessivamente avrete dunque 50 + 6, ovvero 56, e cioè il risultato che cercate.

Uff! Non sostengo che questo metodo sia più semplice di quello tradizionale. Però è più divertente. Basta conoscere le tabelline più semplici (saper cioè moltiplicare per 2, 3, 4 e 5) per scoprire tutti i numeri della tavola pitagorica!

Provateci: 7 × 7, 7 × 9, e – per chi non è ancora convinto – 6 × 7! E buon divertimento!

21

L'ingorgo

L'arrabbiatura è di fatto programmata. Avete organizzato perfettamente la vostra vacanza. L'automobile è carica, avete controllato ancora una volta e constatato di non aver dimenticato niente. Perciò chiudete la casa, vi sedete con un sospiro di sollievo al volante e pensate: «Ora possono cominciare le vacanze!»

Ma come cominciano? Con un ingorgo stradale. A prescindere dal momento in cui partite – di giorno, di notte, perfino se vi avviate con mezza giornata di anticipo – prima o poi vi trovate bloccati. E il fatto che migliaia di altri vacanzieri stiano cominciando le loro vacanze chiusi nell'automobile bloccata dall'ingorgo non è che una debole consolazione.

Dopo un po' i ragazzi cominciano a dar sui nervi. Non solo con le loro incredibili domande («Quando arriviamo?», «Non avresti una caramella?»), ma anche perché vostro figlio pensa di saperne più di voi: «Non capisco perché si formano questi ingorghi! Se tutti partissero prima, l'ingorgo non si verificherebbe!» Non sono certo queste le osservazioni che possono farvi passare l'arrabbiatura.

Gli ingorghi costituiscono davvero un problema. E non solo nella prassi, ma anche per la teoria. Si sono elaborati diversi modelli per descrivere il flusso del traffico stradale, tentando di comprendere le ragioni per cui si arriva alla formazione dell'ingorgo.

Il primo approccio consiste nel considerare il traffico nel suo complesso e nel descriverlo come se fosse un granulato che scorre. Un altro modello prende le mosse dai singoli veicoli e tenta di descrivere come il comportamento d'un veicolo muti a seconda di quello degli altri. Durante queste indagini si è se non altro accertato che il fattore decisivo di un ingorgo è il cambio di velocità di chi sta davanti.

Oggi si descrive il flusso del traffico considerandolo una specie di «robot cellulare». Ogni automobile è rappresentata come una «cellula» il cui comportamento è determinato da regole semplici: procede il più velocemente possibile, ma non deve mai finire addosso a un'altra cellula. Inoltre alle cellule sono attribuite anche qualità casuali, per esempio la tendenza a perdere tempo o il riaccostarsi troppo lentamente a quelle che le precedono.

Tutti questi modelli servono a comprendere la formazione degli ingorghi e, possibilmente, a prevenirli. Vi sarete però accorti d'una cosa: nessuno parte dal presupposto che nelle automobili siano seduti esseri intelligenti.

Perché dunque si forma un ingorgo? Figuriamoci, per cominciare, un liquido che scorra attraverso un tubo. Quando il diametro del tubo è dimezzato, il liquido tende a scorrere nel tubo più stretto a una velocità doppia, appunto perché non si determini un ingorgo.

Nel traffico veicolare la situazione è invece del tutto diversa: in teoria, se in una strada a due corsie una è chiusa, il traffico dovrebbe scorrere su quella rimasta a una velocità doppia, mentre nella realtà rallenta: per ragioni evidenti. Ed è così che si forma l'ingorgo.

Il principio fondamentale è questo: ogni anche piccolo rallentamento opera in un certo senso come la chiusura d'una corsia. Che si tratti di un incidente, di una macchina che procede a una velocità eccessivamente lenta, di un tratto di strada ricco di curve o anche solo d'un automobilista che rallenta per dare un'occhiata al paesaggio, sono tutte cose che portano a una decelerazione locale e quindi a un ingorgo globale. L'ingorgo improvviso si verifica, in presenza di traffico intenso, alla minima oscillazione della velocità dei singoli veicoli.

A proposito: l'ingorgo non è stanziale, ma si muove, e precisamente all'indietro. Vi viene incontro a una velocità che è all'incirca di 15 chilometri all'ora! Succederà anche all'inizio della vostra prossima vacanza.

22

Un bit per favore!

«M'ama, non m'ama, m'ama, non m'ama...» Qualche volta – è l'impressione di chi ci si trova dentro fino al collo – ne va della vita. E come alla maggior parte delle domande esistenziali, anche a questa si può rispondere con un unico bit: sì o no, un petalo qui o uno là, essere o non essere. In termini più concreti: più o meno, pari o dispari, 0 oppure 1.

Le qualità di queste dualità, o sistemi binari, particolarmente sotto il profilo matematico, vengono studiate da molto tempo.

I primi a farlo furono i pitagorici, all'incirca nel 500 a.C. Indagavano sui numeri. O meglio: indagavano sulle qualità dei numeri. Ancor meglio: indagavano sulle relazioni fra queste qualità. Per esempio definirono «pari» e «dispari»: un numero è pari se è divisibile per due senza resto, altrimenti è dispari. Un numero dispari dà invece, diviso per due, un resto di 1. I pitagorici scoprirono le qualità di «pari» e «dispari» e le misero in relazione fra di loro:

- se si aggiunge 1 a un numero pari, si ottiene un numero dispari («pari più 1 è dispari»);
- dispari più 1 è pari;
- pari più pari è pari;

- pari più dispari è dispari;
- dispari più dispari è pari.

Se si abbrevia «pari» col numero 0 e «dispari» con l'1, allora si possono descrivere molto sinteticamente le tre ultime relazioni: 0 + 0 = 0, 0 + 1 = 1 e (ma a questo punto non è più una sorpresa) 1 + 1 = 0.

Colui che però scoprì veramente le proprietà e le potenzialità dei bit (contrazione di *binary digits*, cifre per il sistema binario) fu il filosofo e matematico tedesco Gottfried Wilhelm Leibniz (1646-1716). Constatò che con i bit si potevano descrivere non solo due condizioni, ma tutti i numeri. La serie dei numeri naturali comincia, nella grafia binaria, così: 0, 1, 10, 11, 100, 101, 110, 111, 1000, 1001, 1010...

Perché? Osserviamo per esempio il numero binario 1101. L'ultima cifra è quella che denota le unità, e indica quante volte l'addendo 2^0 (= 1) debba essere assunto. Nel sistema binario ci sono solo due possibilità: una volta o nessuna volta. Nel nostro esempio abbiamo la cifra 1, e questo significa: una volta. La penultima cifra indica quante volte va contato l'addendo 2^1 (= 2) : 0 volte oppure 1 volta. Nel nostro caso 0 volte. E così via: la terzultima cifra indica quante volte è contato 2^2 (= 4), e la quartultima (che nel nostro caso è quella più a sinistra) quante volte è contato 2^3 (= 8).

Se leggiamo da sinistra a destra, possiamo rappresentare il numero binario 1101 così:

$$1 \times 2^3 + 1 \times 2^2 + 0 \times 2^1 + 1 \times 2^0 =$$
$$1 \times 8 + 1 \times 4 + 0 \times 2 + 1 \times 1 = 13$$

Per Leibniz il sistema binario fu una specie di rivelazione divina, «perché la vuota profondità e il buio sono dello zero, mentre lo spirito di Dio con lo splendore dell'onnipotenza è dell'uno». Dio – dice la Bibbia – ha creato il mondo in sette giorni; questo numero è rappresentato come 111 nel sistema binario: tre 1 divini senza neanche un diabolico 0! Leibniz constatò però anche, con maggiore distacco e maggiore rilevanza matematica: «L'addizionare numeri è con questo metodo talmente facile che questi possono essere più rapidamente sommati che dettati».

23

Come le canne dell'organo

Il re degli strumenti: così a volte è stato chiamato, e non a torto, l'organo. È maestoso fin dall'aspetto, con quelle canne di diversa lunghezza allineate simmetricamente. Ma è specialmente quando lo si suona che l'organo dispiega tutta la sua magnificenza: un'opera d'arte totale.

L'organo è in effetti uno strumento assai particolare, anzi: un'intera orchestra con tanti strumenti. E ogni singolo strumento – che nel caso dell'organo è detto «registro» – consiste a sua volta di una grande quantità di strumenti. Perché l'organo ha una canna per ogni nota. E quindi ogni canna è uno strumento, sia pure assai primitivo: può eseguire una sola nota in un unico timbro. In compenso ci sono molte canne.

Se è tirato un solo registro, allora a ogni tasto corrisponde una canna. In ogni registro ci sono dunque tante canne quanti sono i tasti della tastiera. Poiché ogni tastiera d'organo comprende di regola quattro ottave e mezzo, ci sono 56 tasti a disposizione per ogni registro. Un organo di media grandezza con venti registri ha dunque ben più di 1000 canne.

Con i vari registri l'organista realizza diversi timbri: il tipico suono «metallico» dell'organo, oppure un delicato suono di flauto e così via. L'esecutore può però anche realizzare, contemporaneamente, diverse altezze di suono tirando vari registri. Alcuni di loro, premendo gli stessi tasti, emettono un suono di un'ottava più elevato di altri. Si comportano rispetto alle altre canne come una voce femminile rispetto a una maschile. E ci sono anche i registri che borbottano in un'ottava più bassa di quelli normali.

L'altezza del suono delle canne si può desumere dalla descrizione del registro. Dove non figura solo un nome (come «principale» o «flauto»), ma anche un numero: 8', 4' o 16'. Sono cifre che significano «di otto piedi», «di quattro piedi» o «di sedici piedi».

Con queste misure è definita via via la canna più lunga del registro, ovvero quella con la nota più bassa. In un registro di 8' la lunghezza della canna in questione è di otto piedi, pari a circa 2,40 metri. Se si volesse raggiungere un'ottava maggiore, si dovrebbe dimezzare la lunghezza: da 8' a 4'. Se si desidera avere un'ottava ancora più alta, la lunghezza deve essere di nuovo dimezzata: 2'. Esistono perfino registri di 1'. Se si suona tirando questo registro soltanto, l'organo pigola alle massime altezze di suono. Se però si combina questo registro con uno di 8', ne risulta un suono decisamente impressionante.

Anche dalla disposizione in fila delle canne di un registro si può desumere come la lunghezza delle canne sia connessa con l'altezza del suono: comincia con la canna maggiore, poi le canne diventano progressivamente più piccole. Dodici canne comprendono tutte le note di un'ottava, vale a dire per esempio dal «do» fino al «si». La tredicesima canna è allora la nota esattamente di un'ottava superiore a quella della canna più lunga. In un registro di 1' le canne divengono minuscole: quelle per le note più alte sono lunghe appena un paio di centimetri.

Che l'altezza di una nota sia connessa con la lunghezza della canna è una nozione nota da molto tempo. Lo scoprirono già Pitagora e i suoi allievi circa 2500 anni fa. Un'ottava corrisponde al rapporto di lunghezza 2 : 1. Una quinta ha un rapporto di lunghezza 3 : 2 e così via. Si può esprimere ogni intervallo musicale, ogni «suono», come un rapporto fra numeri. E quanto più puro è il suono, tanto più semplice è il rapporto dei numeri.

Questa impressionante constatazione portò nel caso dei pitagorici alla convinzione che tutto al mondo fosse descrivibile mediante numeri e semplici rapporti fra numeri. Tanto è vero che proclamarono, con radicale convinzione: «Tutto è numero!» Si può dubitare che ciò sia vero sempre e in ogni situazione. Però almeno per il re degli strumenti è vero.

24

Il re dei numeri

Avete un numero preferito? Ma certo. Ognuno ce l'ha. Il 3 per esempio, oppure il 7. Alcuni preferiscono il 5, altri amano il 2. Ho conosciuto una signora il cui numero prediletto era il 153. Non sono mai riuscito a capire il perché.

Ogni numero ha qualcosa di speciale. Ognuno ha il suo carattere individuale. Alcune qualità dei numeri sono – dal punto di vista scientifico – casuali, altre si basano su un solido fondamento matematico. Fra i numeri preferiti, i numeri primi (2, 3, 5, 7...) sembrano essere particolarmente popolari. Oggi vi presento però un altro numero, un numero che non è affatto primo, anzi, e che pure ha un carattere molto spiccato. È l'8.

8 è uguale a 2 per 2 per 2. Già il numero 2 è qualcosa di particolare. Mentre il numero 1 costituisce un inizio, un punto fermo, dice per così dire «io», il 2 incarna l'alterità rispetto all'io: dunque tu e io, un rapporto a due, la coppia. 2 è il numero della simmetria: due lati che si equivalgono, si completano, e che sono in ogni caso in relazione fra di loro. Il numero 4 è uguale a 2 per 2. La simmetria doppia. Due coppie in relazione fra di loro. Come nella quadriglia. Quattro persone negli angoli di un quadrato, quattro assi di simmetria.

Torniamo al numero 8. 8 è dunque pari a 2 per 2 per 2. La simmetria due volte doppia. Tanta di quella simmetria da essere quasi troppa. Qui la perfezione si accentua nell'ipertrofia. Il numero 8 si vanta: guardate come sono folle. Sono d'una beltà senza macchia da tutti i lati! Un simbolo di potere e di magnificenza. Non meraviglia che il numero 8 sia considerato il numero dell'equilibrio cosmico.

Quasi una dimostrazione di questa tesi è il famoso Castel del Monte, nelle Puglie. Il castello fu costruito per ordine dell'imperatore Federico II fra il 1240 e il 1250. Sorge su un piccolo rilievo ed è visibile da lontano, nel paesaggio spoglio, simile a un gigantesco corpo geometrico caduto dal cielo.

Ancora oggi gli studiosi disputano sullo scopo che l'imponente edificio avrebbe dovuto avere. È tuttavia chiaro che esso esprime inconfondibilmente il potere rivendicato e affermato da Federico II: la pianta è un ottagono regolare, in corrispondenza di ogni vertice c'è una torre di struttura rigorosamente ottagonale. E anche la corte interna è – ovviamente – a forma di ottagono regolare. Una matematica estremamente impressionante fattasi pietra. Se volete vederlo, potrete trovarlo anche in Internet nel sito www.castellodelmonte.it.

Posso illustrarvi il numero di cui mi sto occupando anche in un altro modo? Per me l'8 è simile alla Regina della Notte nel *Flauto magico* di Mozart, che dal canto suo non era un matematico né un mistico dei numeri. Né il *Flauto magico* ha a che fare col numero 8. Però quel che esprime la Regina della Notte nella celebre aria *Gli angui d'inferno sentomi nel petto* è come l'8: bellezza soprannaturale, irraggiungibile, e contemporaneamente inaccostabile freddezza del potere.

25

Numeri in chiesa

Credo di aver ereditato la vocazione per la matematica da mia madre. Lei lo contesterà recisamente, perché non ha fatto studi universitari, «e poi ho da tempo dimenticato tutto quello che ho imparato a scuola». Però certi indizi la inchiodano. Forse non sono prove d'un talento matematico, ma certo del suo legame con i numeri.

Che conti a ogni occasione, e misuri in questo modo il tempo è una cosa di cui, a sentir lei, non vale nemmeno la pena di parlare. D'altra parte perfino ognuna delle sue piante ha un numero. Ed è il numero che lei conta quando le annaffia: 1, 2, 3, 4, 5, 6, 7 per le violette d'Usambara, 1, 2, 3 per un piccolo cactus, mentre quando viene il turno della grande amaryllis conta fino a 20. Anche il condimento dell'insalata con olio e aceto avviene tramite conteggio. Insomma, la mamma conta a ogni occasione, e si risparmia così, fra l'altro, di dover consultare la lancetta dei secondi sull'orologio che porta al polso. Quando glielo si fa notare, sorride un po' imbarazzata e dice: «Ho sempre fatto così».

Quando va in chiesa – sì, mia madre frequenta almeno occasionalmente la chiesa – si esprime in lei un rapporto più profondo con la matematica. Ogni numero d'una certa consistenza costituisce per lei una specie di sfida a scomporlo in numeri primi. Il numero «336» che viene collocato in bella evidenza sull'altare non è per lei, in primo luogo, quello dell'inno che si dovrebbe cantare, e del quale, in caso di necessità, saprebbe comunque già a memoria almeno le prime due strofe, ma innanzi tutto un'occasione per scomporlo in fattori primi. Dopo averci pensato su un po', si dice: «336 è 16 volte 21, dunque $2 \times 2 \times 2 \times 2 \times 3 \times 7$».

Esistono di conseguenza per lei gli inni facili e gli inni difficili. E non perché c'entrino la difficoltà della melodia o l'eventuale incomprensibilità del testo, ma a causa della semplicità o meno di scomporre il relativo numero. 336 è facile, mentre il 391 è stato per lei, a lungo, un numero difficile. E infatti, procedendo per tentativi, non si perviene tanto presto alla soluzione: 391 è pari a 17×23. Non ricordo più quando le ho spiegato che avrebbe potuto venire a capo del suo problema in un modo semplicissimo, considerando che $391 = 400 - 9$, formulazione che possiamo scrivere anche così: $20^2 - 3^2$. A questo punto possiamo scomporre il binomio nella forma $(20 - 3)\ (20 + 3)$, che ci porta al 17×23.

«Funziona con molti numeri allo stesso modo» le ho detto: «Provaci col 221 o col 247».

«Ciò significa» ha risposto dopo averci brevemente riflettuto «che bisogna scrivere il numero, in un qualche modo, come differenza fra due numeri al quadrato».

«Esattamente, e a quel punto puoi applicare la formula $a^2 - b^2 = (a - b)\ (a + b)$, ed eccoti il tuo numero rappresentato come prodotto».

Si è detta entusiasta... e ha voluto ricambiare: «Lo sai che il 37 è un gran numero?» La sua è stata una domanda retorica, perché io, ovviamente, non potevo immaginare perché lo definisse tale. «Fino a qualche anno fa un rotolo di filo da ricamo costava 37 pfennig».* Mia madre lo sapeva perché aveva dato una mano nella nostra merceria ai tempi in cui non era stato ancora adottato l'euro. Ed erano tempi in cui bisognava calcolare a mente l'importo totale da far pagare. «Con il 37 era una meraviglia calcolare!»

Suppongo di aver reagito a quest'affermazione facendo una faccia non troppo intelligente. E così mi ha spiegato: «Ma certo, perché 37 per 3 fa 111», e qui mi ha fatto lo stesso sorriso che inalberano i matematici quando si accende davanti al loro occhio interiore un'argomentazione particolarmente bella. «Ciò significa che tre rocchetti costavano 1,11 marchi, sei 2,22 marchi, ventuno 7,77 marchi e così via».

«E se qualcuno comperava la merce in una quantità che non fosse multipla di tre?»

«Allora bastava sommarci o sottrarre 37. In ogni caso» ha concluso con un sospiro il racconto del gradevole ricordo, «quelli sì che erano bei tempi!»

Quando un paio d'anni fa, in chiesa, è stato adottato un nuovo libro degli inni, mia madre ne è stata contenta. L'aggiunta di nuovi inni l'aveva reso più spesso e pesante del precedente, ma lei si è consolata così: «Se non altro ora ho un paio di numeri nuovi su cui rompermi la testa!»

* Il pfennig era il centesimo di marco. (*N.d.T.*)

26

Segnali dallo spazio

C'è una situazione che temo e che tuttavia mi si presenta, inevitabilmente, di continuo: il momento in cui raggiungo in macchina una città che non conosco bene. Devo tenerci una conferenza, e non ho molto tempo fino all'ora prevista. D'un tratto mi trovo nel bel mezzo del traffico del centro cittadino e non ho più idea di dove dirigermi. Vengo preso dal panico e c'è da giurare che svolterò nella direzione sbagliata. Quando poi arrivo ugualmente a destinazione, come per un miracolo, sono tutto sudato e con la testa dappertutto meno che sugli argomenti di cui dovrò parlare.

Capirete a questo punto come l'invenzione del sistema di navigazione satellitare sia per me un vero e proprio sollievo. La voce gentile mi dice in tempo se devo svoltare a sinistra o a destra. E anche se commetto un errore rimane tranquilla e mi guida pazientemente fino alla meta. Mi fido di lei e arrivo a destinazione puntuale e con i nervi distesi. Questa sì che è vita!

Ma come fa il sistema di navigazione a sapere dove sono? Come funziona? Nel sistema è integrato un ricevitore GPS, dove la sigla GPS sta per « Global positioning system ». Questo metodo fu a suo tempo sviluppato, inizialmente per uso militare, per la precisa localizzazione di persone o apparecchi, ma oggi il GPS è impiegato anche per varie applicazioni civili.

Il GPS è un portento della tecnica. Consiste di ricevitori GPS e di una serie di satelliti. L'apparecchio ricevente coglie continuamente segnali dai satelliti stabilendo la propria distanza da loro. E disponendo di queste distanze il ricevitore GPS può calcolare dove si trova.

Questa procedura si basa su semplici dati di fatto matematici. Supponiamo per un momento che io mi muova soltanto lungo un raggio fisso che proviene da un satellite. Questo è per esempio il caso in cui volessi solo stabilire la mia latitudine. Una volta che conosco la mia distanza da un punto fermo, il satellite S, so anche con precisione a che altezza mi trovo. Anche se su una retta orizzontale ci sono due punti con una distanza data rispetto a un punto fisso S, se io so da che parte mi trovo rispetto a S, il luogo in cui mi trovo è chiaramente definito dalla distanza.

Innanzi tutto chiariamo un'ipotetica situazione bidimensionale: io mi muovo in un'area sopra la quale ci sono due satelliti: S_1 e S_2. Se conosco la mia distanza r_1 dal primo satellite, so anche di essere localizzato lungo la circonferenza attorno a S_1 con il raggio r_1. Il mio ricevitore GPS conosce inoltre la distanza r_2 dal satellite S_2, quindi mi trovo anche sulla circonferenza con raggio r_2 attorno al punto centrale S_2. Il luogo in cui mi trovo è dunque uno degli al massimo due punti di intersezione di queste circonferenze. Poiché uno dei punti d'intersezione si trova al di là del satellite, nello spazio, il punto d'intersezione sulla Terra diventa evidente.

Nel nostro spazio tridimensionale occorrono tre satelliti per definire un punto. Il punto in questione è l'intersezione di tre superfici sferiche i cui centri sono i satelliti: due superfici sferiche s'intersecano in un cerchio, tre al massimo in due punti, uno dei quali è anche in questo caso al di là del satellite, nello spazio.

Però la storia non è ancora finita. Infatti i satelliti non solo trasmettono la propria distanza al mio ricevitore GPS, ma emettono anche costantemente segnali orari. Ogni satellite GPS è provvisto di orologi atomici che calcolano il tempo con assoluta precisione. Se anche il mio ricevitore GPS avesse un orologio preciso, potrebbe calcolare in base alla differenza di tempo la distanza dal satellite. Senonché il ricevitore GPS non ha un orologio preciso. Per questo si serve dei segnali orari di un quarto satellite, li confronta con i tempi di percorrenza degli altri segnali e calcola in questo modo la distanza. Geniale!

La prossima volta che mi affiderò di nuovo alla voce gentile di un sistema di navigazione, saprò che non si tratta solo di una voce che mi ispira fiducia, ma anche della matematica sulla quale si basa il sistema.

27

Il ghiaccio di ieri

Una volta tutto andava meglio. I bambini erano buoni e disciplinati, i genitori severi, gli insegnanti solerti. L'aria era pulita, i fiumi erano limpidi e i prati verdi. I pomodori sapevano di pomodoro. E l'inverno era ancora inverno.

Ma è proprio vero che le cose, in passato, andavano meglio? Non lo so. Però c'era almeno una cosa più bella: d'inverno, sulle finestre, crescevano i fiori di ghiaccio. Ricordo che con mio fratello, appena alzati la mattina, tremanti di freddo, ci accostavamo alla finestra e alitavamo sui molti fiori di ghiaccio finché si scioglievano.

Pur adoperandoci in tutti i modi per farli sparire con il calore dell'alito, ne apprezzavamo comunque anche la bellezza. Avevano – hanno – nel loro piccolo una chiara, «spigolosa» struttura, però crescevano e crescono, nelle formazioni maggiori, in modo molto più variegato delle foglie o delle felci del mondo vegetale. Mia madre ci raccontava che non esistono due fiori di ghiaccio identici.

Se si osservano attentamente i fiori di ghiaccio, si riconoscono i cristalli. Bei cristalli scintillanti. E se li si osserva ancora meglio – badando che il calore del respiro non ne provochi la fusione – si nota che la struttura dei cristalli è sempre uguale. Sono sempre esagonali. Altri poligoni non compaiono: nessun quadrato, pentagono o ottagono. Se per caso, fra quelli disegnati da qualche parte, vedete fiori di ghiaccio ottagonali, allora statene certi: sono frutto dell'errore del disegnatore.

I fiori di ghiaccio si sviluppano particolarmente lungo i loro margini, formando sempre strutture piane e non composizioni tridimensionali. Il loro fascino sta nella tensione fra la chiara e semplice struttura cristallina e la varietà della flora a cui danno vita, fra la simmetria nel piccolo e l'individualità nella dimensione maggiore, fra la severa struttura e l'illimitata libertà.

È una cosa che affascina l'uomo da sempre. Uno che non seppe sottrarsi alla magia dei fiori di ghiaccio fu Johannes Kepler, più noto in Italia col nome italianizzato di Giovanni Keplero (1571-1630). Per l'amico e benefattore Wacker von Wackenfels scrisse un trattatello intitolato *Strena seu de nive sexangula* [Dono augurale ovvero Della neve esagonale] che gli regalò in occasione del Natale 1611.

In questa prima trattazione scientifica sulla struttura della neve descrive le osservazioni fatte: «Erano piastrine di ghiaccio, molto piatte, molto lucide e molto trasparenti, dello spessore pressappoco di un foglio di carta, ma perfettamente formate in esagoni. I loro sei lati erano così rettilinei e i sei angoli così uguali che sarebbe impossibile per un uomo realizzare qualcosa di talmente preciso».

Ciò che per Keplero era un inesplicabile miracolo della natura è oggi invece spiegabile: la ragione sta nella struttura molecolare, ovvero nella forma che le molecole dell'acqua assumono nello stato solido e gelato. Sono disposte sempre in modo da costituire esagoni, e più precisamente esagoni alquanto voluminosi. Lo si constata anche macroscopicamente nella struttura a noi visibile, che è costantemente formata da esagoni.

Per spiegare i fiori di ghiaccio nel complesso esiste un'altra teoria, quella dei frattali elaborata da Benoît Mandelbrot.

Quando, da ragazzini, stavamo alla finestra e alitavamo a gara, ovviamente non avevamo alcuna idea dei cristalli e dei frattali. Però intuitivamente era evidente che i fiori di ghiaccio fossero e sono qualcosa di molto speciale.

28

Carta piegata

La carta esiste nelle forme e nelle dimensioni più diverse: manifesti, pagine di giornale, blocchi di carta da lettere, quaderni grandi e piccoli, cartoline, schede, biglietti da visita. Si possono distinguere i formati della carta a seconda delle dimensioni, ma per forma sono tutti simili. «È ovvio» direte, «sono rettangolari: tutti gli angoli sono retti e due lati sono più lunghi degli altri due, altrimenti sarebbero quadrati».

Ma si può essere anche più precisi: non è la differenza di lunghezza dei lati l'elemento decisivo, ma il rapporto che le lunghezze hanno fra di loro! Un foglio di carta DIN-A4 è lungo 297 mm e largo 210 mm. La differenza è di 87 mm. Un foglio di carta DIN-A5 è lungo 210 mm e largo 148 mm, con una differenza di lunghezza dei lati di 62 mm. Però il rapporto fra le lunghezze è nei due formati pressoché uguale: 297 : 210 = 210 : 148 = 1,4.

La carta che usiamo normalmente per scrivere ha il formato DIN-A4. La «N» sta per «norma», e vuol significare che larghezza e lunghezza sono esattamente definite. Si è tentato di definire nel modo più oggettivo possibile il formato DIN. E quindi, per dire di essere in presenza di formati DIN occorrono queste condizioni:

- due formati contigui si ottengono dimezzando ovvero raddoppiando l'altro;
- i formati sono simili fra di loro, nel senso che i formati DIN sembrano «uguali», differenziandosi solo per la maggiore o minore superficie. Detto con più precisione: nel caso della carta DIN il rapporto fra larghezza e lunghezza è sempre uguale;
- la superficie del foglio di base, l'A0, è esattamente di un metro quadrato.

Si può calcolare che il rapporto fra lunghezza e larghezza d'un formato DIN è uguale a $\sqrt{2}$. Ciò significa che il lato maggiore è circa 1,4 volte più lungo di quello corto.

Possiamo anche semplificare: se, di un foglio A4, definiamo con una x il lato lungo e con una y quello breve, allora il lato lungo sta a quello breve come x sta a y.

Si ottiene un foglio A5 da un A4 semplicemente dimezzando quest'ultimo. Il foglio A5 ha come lato lungo il lato corto del foglio A4, ed è dunque y. Il suo lato corto è la metà del lato lungo del foglio A4, ed è perciò x diviso 2. Nel foglio A5 il rapporto fra lunghezza e larghezza è di y a x/2.

Poiché il rapporto fra lunghezza e larghezza è in entrambi i fogli uguale, ne consegue che $x : y = y : x/2$. Se si imposta in modo diverso quest'equazione, si ottiene $x^2/y^2 = 2$, ovvero $x/y = \sqrt{2}$.

I formati adottati fin dal 1938 per gli ambiti burocratico e degli affari vanno dallo A0 (foglio quadruplo), all'A1 (doppio foglio), all'A2 (foglio semplice), all'A4 (quarto di foglio) e all'A8, che è il formato usato per i biglietti da visita.

In teoria il formato DIN potrebbe continuare ancora: A9, A10 e così via. Ma in pratica alla lunga non funzionerebbe. Chi tentasse di dimezzare dieci volte un foglio DIN-A4 otterrebbe 1024 strati di un ipotetico formato A14. Questi fogli sarebbero lunghi 9,3 mm e larghi 6,6 mm, però il mucchio sarebbe alto 10 cm. Una cosa che, piegando, non si riuscirebbe proprio a fare.

29

Non temete i grandi numeri

Perché, a scuola, dobbiamo imparare a memoria le tabelline? Perché si tormenta ogni anno con quest'esercizio una miriade di scolare e di scolari? Si tratta d'una scelta solo disciplinare, di un puro dispetto, oppure c'è una ragione matematica?

D'accordo, apprendere la tavola pitagorica può anche essere difficile, ma ciò che conta è che, poi, non dobbiamo imparare altro! Non dobbiamo mandare a memoria quanto fa 37 per 23. O quale sia il prodotto di 328 per 427. Possiamo infatti calcolarlo applicando semplicemente le tabelline.

Cominciamo col capire bene come funziona la moltiplicazione. E poco importa che l'operazione sia eseguita da un essere umano oppure che la si faccia fare da un computer, perché la sostanza non cambia. Entrambi compiono, in sostanza, la stessa operazione. Proponiamoci come compito il 328 × 427.

Lì per lì sembra difficile, e invece è facile. Perché?... È molto semplice: con la stessa procedura della moltiplicazione imparata alle scuole elementari si possono moltiplicare grandi numeri, anzi numeri di qualsivoglia grandezza, limitandosi a moltiplicare le singole cifre.

Impostate la moltiplicazione 328 × 427 su un foglio: otterrete tre file di numeri, di cui la prima è 2296, il prodotto di 328 × 7. Tuttavia si tratta di un numero che non abbiamo calcolato «globalmente», nel senso che ci siamo arrivati calcolando in successione, da destra a sinistra – i prodotti 8 × 7, 2 × 7 e 3 × 7. Certo, dobbiamo stare attenti nel riportare («scrivo 6 e riporto 5»). Però l'essenziale è che moltiplichiamo solo singole cifre e che per farlo ci bastano le tabelline. Così calcoliamo le tre file e sommiamo poi i risultati intermedi. Risultato: 328 × 427 = 140.056.

Con questa procedura possiamo moltiplicare anche numeri di grandezze spropositate senza dover essere chissà che maestro del calcolo: basta conoscere le tabelline dall'1 per 1 al 9 per 9.

È geniale il modo in cui il nostro sistema di calcolo è impostato in maniera ottimale sulla moltiplicazione. Ci consente non solo di scrivere grandi numeri a piacimento, ma anche di fare i calcoli con loro. Provate a figurarvi invece la moltiplicazione che abbiamo appena fatto espressa in numeri romani: quanto fa CCCXXIIX per CDXXVII? Impossibile! Non sapremmo nemmeno da che parte cominciare. Godetevi dunque ogni compito di moltiplicazioni alla nostra – indo-araba – maniera!

A proposito: nel sistema binario l'intera faccenda risulterebbe ancora più semplice. Perché ci sono solo due cifre, 0 e 1, e l'intero sistema delle tabelline si riduce a un'unica equazione: 1 per 1 eguale a 1.

328 × 427, scritto con il sistema binario, ha questo aspetto: 101001000 × 110101011. Dobbiamo moltiplicare il numero di sinistra o per 1 o per 0. La moltiplicazione per 1 è semplice: basta copiare il numero di sinistra. Ed è quel che avviene non solo nella prima, ma anche nella seconda, nella quarta, nella sesta, nell'ottava e nella nona riga.

Poi dobbiamo sommare i numeri delle varie righe e otteniamo: 100010001100011000, che non è altro che il numero decimale 140.056.

30

La forza della matematica nella conta

Ricordate? Della vostra infanzia o di quella dei vostri figli avrete di certo presente questa scena: un gruppo di bambini designa uno di loro ricorrendo a una conta. I piccoli si mettono in circolo e uno comincia a snocciolare i versetti di una filastrocca più o meno sensata: «Am dam des file male pes...» oppure «Ambarabà cicci coccò...» A ogni accento il bambino che esegue la conta punta il dito, in successione, sui compagni. Quando è arrivato all'ultima sillaba, si ferma. Il bambino su cui sta puntando il dito è quello cui «tocca».

È una procedura persuasiva. È accettata senza discussione. Nessuno dubita del risultato, nessuno pianta grane o solleva critiche.

Perché? Dov'è il suo segreto? Nel suono delle parole? Nella magia della rima? Nel ritmo scandito? Una cosa è chiara: il significato delle parole e il contenuto delle frasi – sempre che se ne possa parlare in questi termini – non c'entrano niente. A parte il trionfante versetto finale («e quin-di toc-ca a te!»), il contenuto può essere semplicemente dimenticato.

Sicuramente non c'entra la magia: semmai è vero il contrario. Perché si può prevedere in ogni caso a chi toccherà. Provate a rifletterci: la recita della filastrocca corrisponde alla conta di un certo numero di sillabe. Si potrebbe, a ogni sillaba, continuare la conta aggiungendo un numero. Invece solitamente si prosegue la conta passando da una persona all'altra a ogni nuovo accento della tiritera. Dunque «Molti salti, tanti balzi, non ti sposti eppur ti lanci, perché se non fai da te, oggi tocca a te!»

Sono quindici accenti, e quindi si sarebbe potuto contare molto semplicemente fino a 15. Ma sarebbe stato molto più noioso.

In realtà il tutto è assai più semplice. Immaginiamo che ci siano sei bambini in cerchio. E supponiamo che la prima di loro, Lisa, cominci a contare partendo da sé in senso orario. In tal caso, dopo 15 accenti, si fermerà sul bambino che è a due posti da lei sulla sinistra. In altre parole: Lisa si sarebbe potuta limitare a contare fino a 3! Il che sarebbe però stato ovviamente ancora più noioso.

Che cosa succede se i bambini sono otto? Lisa conclude la conta puntando il dito su quello che è a due posti da lei sulla destra. Le basterebbe contare fino a 7. Quando i bambini sono sette, la successione delle sillabe termina lì dove è cominciata: e quindi Lisa potrebbe limitarsi a contare fino a 1.

Che cosa c'è dietro la conta sotto il profilo matematico? È molto semplice: dividiamo per il numero dei bambini, e che sia una divisione con il resto. Perché quello che ci interessa è solo il resto. Questo ci dice dove la filastrocca finisce.

Facciamo qualche prova: 15 accenti diviso 6 dà come resto 3. Basterebbe perciò contare fino a 3. Se i bambini sono 8 si calcola 15 diviso 8 e si ottiene il resto 7. Se i bambini sono 7, il resto è invece 1. Sarebbe dunque sufficiente contare fino a 1. In questo caso la matematica ci dice che la filastrocca termina sicuramente con il bambino dal quale la conta era cominciata.

Noioso? Forse. Però, applicando questo semplice espediente numerico, sapremo sempre esattamente che cosa succederà. È questa la forza della matematica.

31

Un numero noioso?

Il numero 5? Ma dai!...

Perché?

Ma perché il 5 è ritenuto, in sostanza, un numero insignificante: né carne né pesce. Sono altri i numeri che invece hanno carattere. L'1 che sta a capo di tutti. Il 2 che simboleggia la dualità senza la quale non funziona niente. Il 3 che è il numero sacro per eccellenza. Il 4 che denota il quadrato perfetto. Anche a proposito del 6 può venire in mente qualcosa di bello. Il 7 ha la fama del classico numero portasfortuna, e via di seguito. Ogni numero ha una storia, e sono tutte interessanti.

Il 5, invece? Sembra essere una modestissima via di mezzo. Collocato a metà strada fra il sacro 3 e il 7 portascalogna, ben lontano dal dinamico 2 e dal ben bilanciato 6, il 5 fa venire in mente, tutt'al più, un brutto voto in matematica. « E non è certo un bel ricordo! », potrebbe borbottare qualcuno.

Invece non c'è motivo di prendersela con il 5. È tutt'altro che un numero insignificante.

Fra i matematici circola una vecchia battuta, secondo la quale ogni numero è interessante: « Anche ammesso che ci fosse un numero poco interessante, esisterebbe comunque anche sotto la forma di un numero poco interessante infinitamente piccolo, e questa sua qualità lo renderebbe follemente interessante! »

Stando a questa facezia di addetti ai lavori matematici, anche il 5 dovrebbe essere dunque un numero rispettabile. E in effetti lo è. E non certo per mancanza di «valori interiori», ma perché ha un incredibile numero di qualità.

Il 5 è il più ricco. Lo possiamo constatare anche su noi stessi: la mano ha 5 dita; l'uomo ha cinque sensi (vista, udito, gusto, olfatto, tatto). Poi ci sono i cinque continenti della Terra, ragion per cui sono cinque anche gli anelli olimpici.

Molti fiori e frutti hanno una simmetria quintupla. Se tagliamo in due, orizzontalmente, una mela, che cosa scopriamo? Un pentagono! Il 5 compare però anche nella natura inanimata: basta guardare i cerchioni delle automobili, molti dei quali hanno una simmetria pentaradiale. Osserviamo poi le stelle sulle bandiere nazionali. Che sia quella degli Stati Uniti o una dei suoi dichiarati avversari: se vi compaiono stelle, sono a cinque punte!

Però il 5 è interessante anche per motivi matematici. Ciò dipende in gran misura dal pentagono, una struttura difficile da disegnare. Si oppone a tutti i tentativi ingenui e improvvisati di metterlo su carta. E poco importa che lo si voglia fare a mano libera oppure con riga e compasso.

Però è possibile. Lo constatò già Euclide (300 a.C. circa), e Carl Friedrich Gauss (1777-1855) ne scoprì il perché. Infatti il 5 è non solo un numero primo, ma anche un numero primo del tutto speciale. È del tipo 2 elevato a qualcosa più uno. Infatti: $5 = 2^2 + 1$. Il successivo numero primo dello stesso tipo è il 17, perché $17 = 2^4 + 1$. Se ne conoscono anche altri due: il 257 ($= 2^8 + 1$) e il 65.537 ($= 2^{16} + 1$).

Per tutti questi numeri si può disegnare un poligono regolare con un corrispondente numero di angoli.

Oggi non si sa se esistano numeri primi di questo tipo ancora maggiori, oppure se vi sia addirittura un'infinità di numeri primi di questo tipo.

A proposito: il primo numero veramente noioso è, secondo me, il 10: del quale tuttavia vi racconterò un'altra volta.

32

Che numero viene dopo?

Capita anche a voi? A volte si prova l'insopprimibile necessità di portare a termine qualcosa. Ci sono oggetti che sembrano chiedere imperiosamente di essere spostati e riordinati, altri in relazione ai quali sentiamo l'esigenza di concludere una faccenda.

Per molti uno schema di parole crociate costituisce un'irresistibile sfida a riempire tutte le caselline. Altri sono affascinati dai puzzle, e si danno pace solo dopo aver inserito in modo esatto anche l'ultima tessera.

Spesso avviene automaticamente. Ho conosciuto un musicista che non riusciva a sentire un accordo di settima dominante (l'accordo che tende a dissolversi nella tonica) senza risolverlo. Tutte le volte che qualcuno eseguiva un accordo di questo tipo al pianoforte, accorreva per procedere alla sua risoluzione.

Anche in matematica avviene qualcosa del genere. Tutte le volte che qualcuno ci menziona una successione di numeri, sentiamo l'immediata necessità di proseguire la serie.

Alcune sono evidenti: 2, 4, 6, 8... Che numeri vengono dopo? Ogni persona sensata saprà subito continuare: 10, 12, 14... Perché sa che sono i numeri pari. Oppure 1, 4, 9, 16... I più comprendono al volo: sono i numeri al quadrato. E sono in grado di continuare la serie: 25, 36, 49...

Una serie numerica particolarmente interessante comincia con 2, 3, 5, 7, 11. È quella dei numeri primi, per la quale non si conosce a tutt'oggi una formula.

Tutti e tre gli esempi danno soddisfazione: si ravvisa il modello e si può proseguire la sequenza in base a esso.

I matematici, a ben considerare, dovrebbero riuscirci particolarmente bene. Invece, in realtà, hanno grandi problemi quando sono posti davanti a questi «test d'intelligenza». Uno dei miei colleghi ha assunto sulla questione un atteggiamento radicale. Si rifiuta di proseguire questo genere di numerazioni, finge di non capire affatto il problema, e il massimo che è disposto a concedere è la seguente osservazione: «Alla fin fine posso proseguire una serie con un numero qualunque! 2, 4, 6, 8... perché dopo dovrebbe venire il 10? Perché non il 12 o il 1000 o il meno 5? Nessuno mi può impedire di nominare uno di questi numeri!» Mia figlia, dopo aver ascoltato questo sfogo, ha commentato secca: «Per una volta che potreste servire, voi matematici, vi rifiutate di farlo!»

Tuttavia, considerata la questione con distacco, si scopre che quel mio collega, in fondo, ha ragione. E questo per almeno due motivi.

Innanzi tutto uno formale: è ovvio che non si può impedire a nessuno di menzionare un numero qualunque e di sostenere che, a suo modo di vedere, la serie prosegue con quello. Potreste obiettare: non è corretto. A meno d'essere in grado di menzionare una serie interessante che prosegua davvero così!

In secondo luogo c'è un sorprendente numero di inizi di sequenze che possono essere proseguiti in vari modi, e tutti interessanti.

Per esempio: 2, 3, 5... Che sia la serie dei numeri primi, e dunque la 2, 3, 5, 7, 11...? Potrebbe darsi. Ma potrebbe anche essere qualcosa di completamente diverso. Per esempio: il primo numero più 1, il secondo più 2, il terzo più 3 e così via. Dunque 2, 3, 5, 8. Ma anche in questo caso c'è un'ulteriore possibilità. Che si tratti cioè della famosa serie di Fibonacci: 2, 3, 5, 8, 13... nella quale ogni numero è la somma dei due che lo precedono.

Per concludere, altri due autentici rompicapo. Due serie di cui non menzionerò le leggi. Vi rivelo solo questo: si può, in entrambi i casi, ravvisare la legge sottesa solo pronunciando ad alta voce i numeri che compongono le serie.

cinque, due, nove, otto, quattro, sei, sette, tre...?

1, 11, 21, 1211, 111.221, 312.211... ???

33

Pi greco in birreria

Immaginate di essere seduti una sera in casa o in una birreria. Avete davanti a voi un boccale più o meno pieno. Non voglio conoscerne il contenuto, né pretendo di sapere a quale numero di boccali scolati siete arrivati. A me interessa solo il boccale in sé.

Per quanto abbiate tirato a lungo la serata, quello che segue è un problema che potrete sempre sottoporre a chi è seduto accanto a voi... suscitando sicuramente grande stupore: «Caro amico, quant'è alto il suo bicchiere in rapporto alla circonferenza?»

Potete misurare la circonferenza disponendo un filo attorno al margine superiore del bicchiere. Il quale bicchiere ha anche un'altezza, che è altrettanto se non anche più facile stabilire.

Sarà maggiore l'altezza o la circonferenza?... Che ne dite? Il vostro vicino probabilmente risponderà: «Ma è evidente che il boccale è più alto!»

Se ci tenete proprio a saperlo, misuratelo! In quasi tutti i bicchieri o boccali si accerta – sorpresa! – che la circonferenza è maggiore, a volte molto maggiore dell'altezza.

Sotto il profilo matematico il problema è quello del perimetro di un cerchio. A scuola abbiamo imparato il modo per calcolarlo: il diametro per π (pi greco) oppure, se si preferisce arrivarci mediante il raggio, dunque con metà diametro, allora la circonferenza è pari a $2\pi r$. Detto altrimenti: si ottiene π se si divide il perimetro di un cerchio per il suo diametro. E π corrisponde – ognuno lo sa – a 3,14... o almeno pressappoco.

La storia della matematica è piena di tentativi sempre nuovi di arrivare a conoscere con sempre maggiore precisione questo numero importante. Quanti numeri ci saranno mai dopo la virgola? (Il detentore del record mondiale è arrivato a oltre i mille miliardi.) La sequenza dei numeri dopo la virgola si ripete a un certo punto? (No.) Esiste un'equazione o, per essere più precisi, un polinomio con il quale calcolare con precisione il π? (No.)

Sorprendente, però, è anche il numero prima della virgola, il 3. Indica l'ordine di grandezza della circonferenza. Il perimetro nel nostro esperimento è quello del boccale, e abbiamo visto che è regolarmente sottovalutato. In un certo senso la cifra prima della virgola è dunque l'elemento più sorprendente del π. Le altre potranno anche essere più difficili da calcolare, ma il 3 è la più stupefacente.

Già nell'Antico Testamento (1 *Re* 7,23), nella descrizione dell'altare del tempio di Salomone, è detto: «Fece un bacile di metallo fuso di dieci cubiti da un orlo all'altro [...] e la sua circonferenza era di trenta cubiti». La circonferenza fu dunque definita esattamente, proprio come voi avete misurato quella del vostro bicchiere. Dai numeri forniti si può desumere il rapporto fra circonferenza e diametro: 30 : 10 = 3. In altre parole: $\pi = 3$.

Dal punto di vista storico-matematico si può sorridere di questa rozza approssimazione del π, perché in altre parti della Terra, per esempio fra gli egizi, si facevano già allora calcoli molto più precisi. Però dal testo della Bibbia emerge anche un qualcosa di assolutamente essenziale, e cioè la sorprendente grandezza del π.

Prima di concludere, ecco la soluzione dei rompicapo del precedente capitolo.

La serie cinque, due, nove, otto, quattro, sei, sette, tre... può continuare con un solo altro numero, e precisamente con uno. Si tratta dei numeri di una sola cifra elencati... in ordine alfabetico.

Il segreto della sequenza 1, 11, 21, 1211, 111.221, 312.211 si svela pronunciandola: il primo numero è «un uno». Lo si scriva in cifre: «1 1», e ne scaturisce il secondo elemento della serie, che si legge «due uno», ovvero «2 1». Si scriva anche questo. Come va avanti? «312.211» si legge «un tre, un uno, due due, due uno», dunque «13112221». Che trappola, eh?

A proposito: anche di queste serie si può discutere piacevolmente in birreria.

34

Il magico numero 1089

I matematici, quando si riuniscono, finiscono quasi sempre col raccontarsi gli ultimi trucchi della matematica. Recentemente uno mi ha sottoposto il seguente problema: «Pensa un numero di tre cifre. Scrivilo poi anche in senso inverso e sottrai quindi il numero più piccolo da quello maggiore. Scrivi anche il risultato in senso inverso e quindi somma questi ultimi due numeri».

Non c'è matematico che segua ciecamente simili indicazioni, anche perché la maggior parte di loro sono troppo pigri per mettersi a fare calcoli. Ma soprattutto sospettano che, dietro il problema, ci sia qualcosa di rilevanza più generale. E ai matematici interessa appunto quello che «c'è dietro». Non vogliono sapere solo se qualcosa è giusto, ma anche e prima di tutto il perché.

Però un esempio non può nuocere. Pensiamo dunque un numero di tre cifre, poniamo il 723. Lo trasformiamo nel suo inverso, leggendolo da destra a sinistra e abbiamo il 327. Ora calcoliamo 723 − 327 = 396. L'inverso di 396 è 693, e la somma dei due numeri, 396 + 693, dà 1089.

L'aspetto sensazionale è che, in questi casi, il risultato è (quasi) sempre 1089! Potete anche trasformare la procedura in una specie di trucco magico da proporre agli amici. Dite a qualcuno di eseguire il calcolo e poi fategli aprire un libro alla pagina del risultato, oppure digitare il numero telefonico corrispondente o qualcosa di simile. E voi lo «indovinerete». Potete eventualmente anche far aggiungere un numero al 1089, oppure sottrarlo, o eliminarne una cifra, così che la persona con la quale state facendo il vostro «numero» arrivi comunque a un numero che voi già conoscete.

Il trucco è impressionante, però ai matematici interessa sapere perché funziona, ovvero perché il risultato è (quasi) sempre 1089.

Torniamo dunque a guardare la prima parte del calcolo. Che cosa abbiamo fatto? Abbiamo scelto un numero, formato il suo contrario e quindi sottratto il minore da quello maggiore.

I numeri che sono l'inverso l'uno dell'altro hanno sempre al centro la stessa cifra; anche le cifre davanti (le centinaia) e dietro (le unità) sono le stesse, ma in ordine inverso. Nella sottrazione che ci si dice di fare, la cifra più bassa è in fondo al primo numero, a indicare le unità; nel secondo numero la si trova invece in cima a esprimere le centinaia.

Nel procedere alla sottrazione si comincia sempre dall'ultima cifra. Poiché qui la cifra maggiore è sotto, dobbiamo in ogni caso aggiungere una decina al numero che rappresenta sopra le unità. In mezzo abbiamo sopra e sotto la stessa cifra, ma poiché sopra abbiamo tolto una decina, il risultato della sottrazione è 9 dopo aver integrato anche le decine rimanenti con l'aggiunta di un 1 tolto alla cifra che esprime le centinaia. Ora osserviamo appunto le cifre rappresentative delle centinaia. Sono le stesse che esprimono le unità, solo in ordine inverso. Ciò significa che il risultato della sottrazione in corrispondenza delle cifre delle centinaia dovrebbe essere un numero che integri in 10 il risultato in corrispondenza delle cifre delle unità. Poiché dobbiamo però tenere presente che c'è stato il riporto di 1, i due risultati danno luogo, insieme, a un 9.

Questo è l'approdo intermedio decisivo: il risultato della sottrazione è sempre un numero che ha al centro un 9 e a destra e a sinistra cifre che, sommate, danno 9; i numeri che ne risultano possono essere dunque solo 198, 297, 396... 891. Se si somma poi a questo numero il numero invertito, si ottiene sempre 1089.

È un'argomentazione che potrebbe soddisfare un matematico, il quale chiederebbe tuttavia anche: che cosa succede se scegliamo un numero in cui le cifre rappresentative delle centinaia e delle unità siano le stesse? Per esempio il numero 353? Sottraendo avremmo come risultato 0, e anche il risultato della successiva addizione sarebbe 0. Problemi insorgono anche se le due cifre in cima e in coda al numero differiscono solo di 1. Ecco perché il risultato non è sempre, ma solo «quasi» sempre 1089.

Quindi, per fare il gioco di società, il problema va posto in termini meno generici: «Pensa a un numero di tre cifre nel quale quella che rappresenta le unità e quella che rappresenta le centinaia differiscano di almeno 2. Scrivilo poi anche in senso inverso e...»

E a questo punto è soddisfatto anche il matematico.

35

La matematica dei cerchioni

Ripenso con un brivido al giorno in cui abbiamo comperato la nostra attuale automobile. Ogni membro della famiglia aveva delle idee tutte sue.

Nostro figlio ci ha fatto inequivocabilmente capire che, al giorno d'oggi, chi acquista una macchina senza il meccanismo per alzare e abbassare elettricamente i finestrini e senza il telecomando per aprire e chiudere le portiere fa una gran brutta figura. Per nostra figlia il fattore decisivo era invece l'aspetto: «Se comprerete una macchina rossa io non ci salirò!» Mia moglie attribuiva infine una particolare importanza a un buon rapporto fra prezzo e prestazioni, mentre la mia preoccupazione era mettere d'accordo tra loro i vari pareri.

Del resto è evidente che si può guardare a un oggetto tanto fondamentale nella nostra vita come un'automobile da punti di vista del tutto diversi. Per l'uno sono importanti la forma e il colore. Per l'appassionato di cose tecniche la potenza e la cilindrata. Per chi amministra il bilancio conta l'economicità.

Ma si può guardare a un'automobile anche sotto il profilo matematico? Temo tuttavia che se nella fase decisiva dell'acquisto della nostra macchina io me ne fossi venuto fuori anche con la matematica, la mia famiglia mi avrebbe tirato il collo senza tante storie.

Ciò non toglie che in un'automobile ci sia un sacco

di matematica. La forma della carrozzeria, le superfici interne, il bloccasterzo, l'elettronica del veicolo e molte altre componenti non implicano solo tanta matematica, ma sarebbero del tutto impensabili senza la matematica. Però, a guardarle soltanto, non si direbbe. C'è una parte tuttavia in cui la matematica si palesa chiaramente: nei cerchioni!

Un cerchione non è soltanto solido e bello, ma ha anche sempre una struttura tutta particolare. Dal centro si diramano «montanti» (ovvero raggi) più o meno spessi, disposti molto regolarmente.

Interessante è innanzi tutto il loro numero. Ovviamente cambia da cerchione a cerchione. Ma prevalentemente è dispari. Non 4 ma 3 o 5. Compaiono tuttavia spesso anche il 7 e il 9, mentre i 6 raggi sono rarissimi. Verificatelo!

Ancor più vistosa del numero è la regolare disposizione dei montanti. I matematici tirano in campo la «simmetria», ovvero la simmetria circolare o raggiata. È facile da capire: anche ruotandolo un po', il cerchione avrà poi esattamente lo stesso aspetto di prima. Ma di quanto lo si deve ruotare perché l'aspetto torni identico? Se ha 4 raggi la rotazione deve essere di 90 gradi. Se i montanti sono 3, occorre ruotare di 120 oppure di 240 gradi; in presenza di 5 raggi la rotazione deve essere di 72 gradi o suoi multipli. La regola è: 360 gradi diviso il numero dei montanti. In presenza di 5 raggi l'angolo di rotazione minimo per ottenere di nuovo la stessa immagine è dunque pari a 360 : 5 = 72. Ogni cerchione è connotato da una simmetria circolare o raggiata di questo genere.

La maggior parte dei cerchioni sono inoltre simmetrici anche nel senso comune della parola, vale a dire che sono specularmente simmetrici, con la parte destra che ha lo stesso aspetto della sinistra: ciò accade ogni volta che i montanti sono specularmente simmetrici.

Certe volte i montanti sono però incurvati lateralmente come in una girandola. Allora non sono specularmente simmetrici, né è specularmente simmetrico il cerchione in sé. In tal caso ha soltanto una simmetria raggiata: il che, secondo me, è particolarmente interessante.

A proposito: alla fine abbiamo comperato una macchina blu e di media cilindrata, con telecomando per le serrature ma senza il meccanismo elettrico per alzare e abbassare i finestrini, e con cerchioni dalla simmetria a cinque raggi.

36

*E se le candeline dell'Avvento fossero cinque?**

Ogni anno, durante l'Avvento, noi genitori immaginiamo quanto potrebbe essere bello: la famiglia che si riunisce la domenica sera attorno alla coroncina dell'Avvento, i bambini che ascoltano attentamente le parole del padre e poi vanno a letto buoni buoni, senza discutere...

Forse succede così da voi. A casa nostra, Christoph e Maria si siedono sì a tavola, ma non badano affatto a quello che dico. Preferiscono esporre le dita alle fiamme, dar fuoco a piccoli rametti d'abete, far fondere di nuovo la cera che si è sciolta e poi solidificata colando lungo il tronco delle candele, e dedicarsi ad altre sciocchezze simili.

Io mi sforzo tuttavia di indurre i miei figli a una seria riflessione, dicendo per esempio: «C'era una volta una famiglia ordinata, in cui anche le candele della corona dell'Avvento ardevano ordinatamente».

* Nei paesi nordici, e in quelli di lingua tedesca in particolare, i cristiani celebrano con diffusa devozione il periodo dell'Avvento: le quattro settimane che precedono il Natale. In ogni casa si prepara una coroncina fatta di rami d'abete sulla quale sono collocate quattro candele, una per ogni domenica che precede il Natale. La prima domenica dell'Avvento si accende una candelina, la seconda due e così via. E mentre la candelina o le candeline ardono, la famiglia si riunisce o si dovrebbe riunire per dedicarsi alle meditazioni del caso. (*N.d.T.*)

« Che cosa vuoi dire? » interviene Maria. Be', se non altro mi sta ascoltando.

« Voglio dire che qui si lascia che ogni candela via via accesa nel corso delle domeniche che precedono il Natale si consumi a metà. La prima domenica d'Avvento la prima candela si riduce dunque della metà, la seconda domenica si consumano due metà di candela e così via ».

« E quale sarebbe il problema? »

Rispondo: « La famiglia vorrebbe cavarsela con cinque candele in tutto. Come deve regolarsi? »

« Ce lo hai chiesto anche l'anno scorso » interviene Christoph sbadigliando. E ha ragione.

« Il trucco c'è ma non lo ricordo » commenta la mamma.

Christoph arriva rapidamente alla soluzione: « La seconda domenica dell'Avvento non si accende solo un'altra candela, ma si lascia consumare fino in fondo anche quella della prima domenica. Poi ci si aggiunge un'altra candela sostituendo quella tutta consumata, la terza domenica d'Avvento si accendono le candele che non sono state ancora usate, e la quarta si possono far consumare tutte ».

Io però non mi accontento. « Nel paese di Pentagonia » racconto, « l'Avvento è fatto di cinque domeniche, e quindi cinque sono le candele sulla corona ». Lancio ai miei figli uno sguardo penetrante. « E in Pentagonia, nelle famiglie ordinate, si lascia che ogni domenica si consumi esattamente un terzo d'ogni candela accesa. Le candele vengono fissate sulla corona in vista della prima domenica d'Avvento, e non ne viene poi sostituita nessuna. Secondo voi le cinque candele bastano? »

I miei due figli mi guardano a bocca aperta. Per

stravagante che sia il problema, si sentono sfidati. Christoph guadagna un po' di tempo domandando: «Quante volte una candela si consuma d'un terzo?» E poi si risponde da solo: «La prima domenica d'Avvento una, la seconda due, e così via, e quindi, nel complesso, si ha 1 + 2 + 3 + 4 + 5 volte, perciò...»

«Quindici volte!» interviene in soccorso sua sorella.

«Dunque quindici terzi di candela che fanno, messi insieme, cinque candele intere» riassume mia moglie.

Nel frattempo Christoph ha escogitato la soluzione: «Funziona come con le quattro candele» spiega. «La seconda domenica d'Avvento la candela della prima domenica è fatta consumare di un altro terzo e la candela numero 2 di un primo terzo». Ci esemplifica la situazione ricorrendo a piccoli rami d'abete. «La terza domenica d'Avvento si accendono le candele 3, 4 e 5, così rimangono per la quarta le candele 2, 3, 4 e 5, e la quinta domenica si fanno consumare fino in fondo tutte» conclude con un'occhiata trionfante.

Provateci anche voi, prospettando ai vostri figli un paese di Sestania in cui le domeniche dell'Avvento siano sei e la relativa corona sia ornata con sei candele. Quante candele occorreranno ai sestanesi se si farà man mano consumare un terzo delle candele accese?

37

L'appassionante 40

Che cosa dovrebbe esserci di tanto speciale nel numero 40? Ancora ancora il 10 o il 100, numeri belli tondi, che si ricordano bene, tanto è vero che a ragione si celebrano i decimi o i centesimi anniversari. Ma il 40?... Andiamo dunque a vedere che cosa ha di particolare.

Ogni numero può essere scomposto nei suoi fattori primi. Nel caso del 40 abbiamo: $40 = 2 \times 2 \times 2 \times 5$. Il 100 si scompone invece così: $100 = 2 \times 2 \times 5 \times 5$. C'è una notevole somiglianza, vero? I numeri primi, cioè il 2 e il 5, sono gli stessi, il numero complessivo dei fattori (4 in totale) è uguale, solo che nel caso del 100, rispetto al 40, un 2 è sostituito con un 5. Dunque il 40 e il 100 non sono poi così diversi? Che sia il caso di celebrare solennemente anche i quarantesimi anniversari?

Si può anche indagare come un numero possa essere «bellamente» trascritto sotto forma di somma. In tal caso la più bella rappresentazione del 40 sarebbe, secondo me, $40 = 1 + 3 + 9 + 27$. I numeri 1, 3, 9, 27 sono tutti potenze del 3; abbiamo infatti $1 = 3^0$, $3 = 3^1$, $9 = 3^2$ e $27 = 3^3$. Il numero 40 è dunque una somma di successive potenze di 3, e ciò significa che ha nel sistema di base 3 la forma $(1\ 1\ 1\ 1)_3$.

Il 3 di base significa solo che leggiamo la sequenza di cifre nel sistema del 3. Il sistema del tre, è in linea di principio, la stessa cosa che il sistema decimale, solo che si basa non su potenze di 10 ma su potenze di 3. In concreto ciò significa: la cifra completamente a destra deve essere moltiplicata per 1 ($=3^0$), la cifra che è subito a sinistra della precedente per 3, la successiva per 9 e quella completamente a sinistra per 27. Ridotto a una formula vuol dire:

$$(1\,1\,1\,1)_3 = 1 \times 27 + 1 \times 9 + 1 \times 3 + 1 \times 1 = 40$$

Osserviamo ora di nuovo le componenti del numero 40, ovvero le cifre 4 e 0. Che sono davvero qualcosa di speciale. Per il numero 4 vale sia $4 = 2 + 2$ che $4 = 2 \times 2$. Non esiste altro numero positivo che si possa rappresentare come $x + x$ e contemporaneamente come $x \times x$. Il 4 è il primo «vero» numero al quadrato (dopo $0 = 0^3$ e $1 = 1^2$). Se il numero 2 simboleggia il principio del raddoppio, il 4 è il simbolo del duplice raddoppio.

Poi viene il numero 0, il più importante in assoluto! E dire che la storia dei numeri si è svolta per secoli senza lo zero. Perché si dovrebbe avere un simbolo per il «nulla»? Il nulla non sarebbe rappresentato al meglio... dal nulla? Senonché l'invenzione dello zero da parte degli indiani, invenzione che gli arabi trasferirono poi nell'Europa occidentale, è la base della nostra rappresentazione numerica e del nostro – relativamente semplice – modo di calcolare.

Al più tardi dall'anno 1202 lo zero era noto anche in Occidente: fu allora infatti che il geniale matematico italiano Fibonacci pubblicò il *Liber abbaci* [Libro dell'abbaco], nel quale illustrò l'invenzione dello zero assieme a tutti i vantaggi che ne derivavano.

Il 40 noioso, poco interessante, senza polpa e senza succo? Spero di avervi convinto del contrario!

A proposito: si può scoprire qualcosa di interessante, di avvincente, d'importante e di sorprendente in ogni numero... a patto di osservarlo bene!

38

La sorprendente pavimentazione del distributore

Capita a volte di accorgersi che i figli hanno un asso nella manica e sono ansiosi di giocarlo. Di preciso non so da che cosa lo desumo: forse dall'atteggiamento impaziente, forse da un certo sorrisetto annunciato dal fremito degli angoli della bocca, o forse dagli occhi che scintillano.

Ci siamo trovati in una situazione del genere anche ultimamente. La famiglia al completo si era mossa per andare a trovare alcuni amici. All'inizio del breve viaggio ho fatto il pieno di benzina. Eravamo a malapena ripartiti che mia figlia Maria mi ha chiesto: «Hai guardato la pavimentazione del distributore?»

Forse è stato il tono solo apparentemente distaccato oppure lo sguardo attento... sta di fatto che mi sono accorto che sapeva qualcosa che io non sapevo. «Credo proprio» ha aggiunto per accentuare la suspense «che il suo aspetto ti poteva interessare».

Era chiaro: aveva notato qualcosa. Ed era altrettanto chiaro che non me l'avrebbe detto. Dovevo indovinarlo. «Intendi forse che c'era della roba per terra?» ho domandato per saggiare prudentemente il terreno.

«No, mi riferisco, per così dire, al pavimento in sé» è stata l'informazione aggiuntiva che mi ha fornito.

Ma la pavimentazione di quella stazione di servizio non era omogeneamente asfaltata? No, mi pareva piuttosto di ricordare che fosse fatta di singole lastre accostate. «Ti riferisci alle lastre quadrate?»

La mia non è stata evidentemente la domanda giusta, perché dalla reazione ho capito che non poteva rispondermi direttamente. Il mistero ha comunque cominciato subito a diradarsi: «Ma hai almeno guardato se erano lastre quadrate?» mi ha chiesto.

Eccolo dunque il nocciolo della questione! Ci ho pensato. Sicuramente avevano impiegato un solo tipo di lastre. Ed era da presumere che le lastre avessero forma di poligoni regolari. In tal caso potevano essere solo triangoli, quadrati o esagoni. Questo lo sapeva già Giovanni Keplero. «Dunque non sono quadrati?» ho domandato cautamente.

La risposta è stata leale e corretta: «No, non sono quadrati».

«E allora devono essere triangoli o esagoni» ho affermato facendo valere le mie maggiori nozioni matematiche.

«Perché?»

Be', se proprio ci teneva potevo anche dimostrarle il principio di Keplero: «Con i pentagoni non funzionerebbe, perché non si combinano bene. Se se ne accostassero tre attorno a un vertice, rimarrebbe una lacuna, e se si cercasse di farne combinare quattro, si sovrapporrebbero».

«E come la mettiamo con gli ettagoni e gli ottagoni?»

Non era certo con domande come quella che Maria poteva mettere in imbarazzo Keplero e me. «Nel caso degli ettagoni è semplicissimo. Un poligono regolare avente n angoli, con n maggiore o eguale a 7, è talmente grande che non se ne potrebbero accostare a un vertice nemmeno tre senza sovrapposizioni. Con quel tipo di poligono non otterresti nemmeno un motivo piccolo, e quindi men che meno la copertura del pavimento di una grande stazione di servizio».

Mi è parsa accettare l'argomentazione. Però ha insistito sulla domanda iniziale: «Insomma, che cosa erano allora secondo te? Triangoli o esagoni?»

«Mmm... Matematicamente non possiamo stabilirlo. La matematica si limita a dirci: potrebbero essere sia triangoli che esagoni».

«Mi sembra pochino!»

È veramente incredibile la fiducia che certe persone ripongono nella matematica.

«Vuoi che te lo dica io?» ha continuato.

«Non c'è altro modo!»

«Erano, o meglio sono... esagoni. La pavimentazione sembrava un gigantesco favo d'api».

«Però!» Il mio stupore è stato autentico. E mi è venuta in mente anche un'altra cosa: «Tuttavia penso che, a questo punto, riuscirei anche a escogitare una spiegazione quasi matematica».

«Lo supponevo!»

«Da una composizione fatta di quadrati o di triangoli risultano sempre delle linee lungo le quali le lastre potrebbero essere smosse. Invece una pavimentazione a esagoni resiste molto meglio a certe spinte».

Un suggerimento: la prossima volta che andate a far benzina date un'occhiata per terra!

39

Chi troverà il quarantacinquesimo?

Tutti sanno che cos'è un numero primo. Lo è il 3, anche il 5, il 6 invece no. La definizione dei matematici è precisa: un numero naturale è un numero primo quando è divisibile soltanto per 1 e per se stesso senza resto. L'accento va posto sul «soltanto», perché ogni numero è divisibile per 1 e per se stesso, mentre i numeri primi sono quelli che non hanno altri divisori. Comunemente non si comprende il numero 1 fra i numeri primi; la serie dei numeri primi comincia dunque così: 2, 3, 5, 7, 11, 13, 17...

Chiunque può formulare domande su questi numeri singolari. Il problema è che, di norma, sono domande alle quali è molto, ma molto difficile rispondere. Per esempio: qual è il numero primo successivo? C'è una formula per risalire ai numeri primi? E quanti sono i numeri primi?

Eccezionalmente è facile rispondere almeno a quest'ultima domanda: i numeri primi sono infiniti. La serie dei numeri primi non si interrompe mai perché ne esistono sempre di maggiori! Lo si può leggere già nel primo libro di matematica del mondo, gli *Elementi* di Euclide (vissuto attorno al 300 a.C.).

Però, pur sapendo che la serie dei numeri primi prosegue sempre, non si ha idea con quali numeri la sequenza continui da un certo punto in poi. Sono secoli che i matematici cercano rappresentanti sempre maggiori di questi numeri rompiscatole. Benché si sappia con certezza che non c'è record del mondo che resista a lungo, l'individuazione di ogni nuovo maggior numero primo è festeggiata con clamore ed esuberanza.

I record del mondo si conseguono con un particolare tipo di numeri primi, i cosiddetti numeri primi di Mersenne, così chiamati dal teologo francese Marin Mersenne (1588-1648). Questo erudito dagli interessi vastissimi si occupò, oltre che di teologia, anche di acustica, musica e matematica. I numeri primi di Mersenne sono del tipo $2^n - 1$, dunque potenze di 2 meno 1. A volte queste corrispondono a numeri primi, ma non è sempre detto. Per esempio, $2^2 - 1$ (= 3) e $2^5 - 1$ (= 31) sono numeri primi, ma $2^4 - 1$ (= 15) no.

Si potrebbe pensare di riuscire a scovare un numero primo solo se l'esponente è a sua volta un numero primo. Per esempio sappiamo che $2^{1000} - 1$ non è un numero primo anche senza doverlo calcolare e verificare.

Però non è affatto detto che a ogni numero che abbia per esponente un numero primo corrisponda, risolvendo la potenza, un numero primo. Fino a poco tempo fa si conoscevano solo 43 numeri primi di Mersenne: davvero scarsi. Se i numeri primi di Mersenne siano infiniti è una questione irrisolta, ma non c'è matematico che dubiti che si debba rispondere con un «sì».

L'ultimo record risale al 4 settembre 2006: quel giorno è stato trovato il 44° numero primo di Mersenne: è il $2^{32.582.657} - 1$, vale a dire 2 elevato a una potenza ben superiore ai 30 milioni meno uno. Un numero follemente enorme! Risolta la potenza, ne uscirebbe un numero di ben 9.808.358 cifre! Un numero che è di molti, ma molti ordini di grandezza maggiore di quello degli atomi esistenti nell'universo. A quelle ariose altezze non si può cercare alla cieca, ma occorre applicare precisi metodi matematici, che dicano con esattezza che cosa occorre fare.

A proposito: se volete, potete partecipare alla ricerca del 45° numero di Mersenne. Anche sul vostro calcolatore può svolgersi una parte della caccia al prossimo record del mondo... E chissà che non abbiate fortuna e che il vostro calcolatore non trovi il 45° numero primo di Mersenne. Se volete maggiori informazioni sulla gara, consultate il sito Internet www.mersenne.org.

40

Il numero fascinoso

Mia figlia Maria riesce in un batter d'occhio a trasformarsi da creatura amabile ed equilibrata in un istrice dal quale occorre tenersi alla larga il più possibile. Per esempio le volte in cui mi metto a raccontare dei tempi passati. Un paio di giorni fa ho commesso di nuovo proprio uno di questi peccati mortali: se fosse vissuta in altri tempi, le ho spiegato, non sarebbe ancora maggiorenne. Perché, all'epoca, la maggiore età si raggiungeva solo a 21 anni.

«Ventuno? Ma che razza di numero scemo è?» ha abbaiato. «Matematico, da giurarci!»

Non potevo starmene lì zitto senza reagire, e così sono partito in quarta, evitando però di guardarla in faccia per non coglierví, molto probabilmente, l'espressione del più assoluto fastidio: «Il 21 è un numero di fascino straordinario oltre che pieno di segreti!»

Maria si è voltata dall'altra parte, ma io me ne sono infischiato e ho proseguito. «Il 21 è un numero già bello grande, e occorre saper contare bene per arrivarci. Fino al dieci ogni numero ha un nome proprio: uno, due, tre... Lo stesso si potrebbe entro precisi limiti dire dell'undici e del dodici, almeno in quelle lingue come il tedesco e l'inglese in cui 'elf' e 'zwölf' e, rispettivamente, 'eleven' e 'twelve' non derivano, come in italiano, dall'uno-dieci e dal due-dieci. Ma almeno dal dodici in poi, in quasi tutte le lingue, occorre procedere con una certa sistematicità con le denominazioni composte: tredici, quattordici, quindici... Il quale quindici, ancora in tedesco, svela anche maggiormente il suo carattere di numero dalla denominazione composta: 'fünf'(cinque) –'zehn'(dieci). A un certo punto si arriva al 20. E da questo momento in poi si procede sempre con lo stesso schema. Chi sa arrivare al 21, sa insomma come andare oltre. Per questo il 21 è il primo numero a spalancarci un panorama sull'infinito».

Maria mi ha lanciato uno sguardo che esprimeva seri dubbi sul mio stato mentale. Non mi sono lasciato fuorviare: «Se durante un party sette persone si toccano i bicchieri per un brindisi, e ciascuno tocca una volta tutti quelli degli altri, i bicchieri tintinnano esattamente 21 volte».

A questo punto non mi avrebbe più fermato nessuno: «A proposito di 7: il 21 è 3 volte 7. Quindi il 21 si scompone in due numeri straordinariamente interessanti. Il 3 è il primo vero numero, il primo numero dal quale ci si accorge che cosa significhi contare, ovvero che cosa sia un numero. Il 3 è il numero sacro. Il 7 è invece uno dei numeri meno conformisti e quindi uno dei numeri più notevoli in generale: pensa ai 7 nani, alle 7 visioni dell'Apocalisse, ai 7 peccati capitali, ai magnifici 7 e così via. Infine: 3 e 7 sono numeri primi! Dei quali, fino al 21, ce n'è a volontà, addirittura 8: 2, 3, 5, 7, 11, 13, 17 e 19».

Ho avuto l'impressione che Maria fosse rimasta sia pure solo un poco impressionata, e quindi ho colto al volo l'occasione: «A proposito di 8: si può scomporre il 21 anche con l'aiuto dell'8: il 21 è infatti 8 + 13. Due numeri che non potrebbero essere più differenti. L'8 rappresenta una simmetria perfetta, quasi già altezzosa!

Il 2 simboleggia l'alterità, la simmetria: io e tu, uomo e donna, destra e sinistra. Il 4 è la simmetria raddoppiata, e l'8 è letteralmente la simmetria al cubo! Pensa invece al 13: porta fortuna secondo gli uni, sfortuna secondo altri. E così abbiamo 'Il 13 non risponde', 'Il tredicesimo uomo', i tredici a tavola, le 13 persone presenti all'Ultima cena, l'Apollo 13 che partì alle ore 13 e 13 e che inviò il 13 aprile 1970 il famoso messaggio: 'Houston, we have a problem'. Infine il 13 è ovviamente un numero primo».

A questo punto Maria mi guardava già con un certo stupore. Mi sono sentito incoraggiato e ho continuato: «E questi due numeri, l'8 e il 13, si fondono bellamente nel 21. Bellamente perché il loro rapporto è di 13 : 8, la misura della bellezza in assoluto, ovvero di quella della sezione aurea. Se si suddivide un tratto lungo 21 cm in due tratti di 8 e 13 cm, questa suddivisione costituisce esattamente la sezione aurea, a parte uno scarto inferiore all'1 per cento, una irregolarità che non si coglie nemmeno a occhio nudo».

Avevo concluso: «Avresti detto che nel 21 ci fosse tanto fascino?»

Maria ha deglutito, poi mi ha guardato per alcuni secondi in silenzio, quindi ha deglutito di nuovo e infine ha ritrovato la lingua: «Sommergimi pure con le tue chiacchiere. Ma se credi che siano queste le ragioni per cui, a suo tempo, si diventava maggiorenni a 21 anni, ti sbagli!» E se ne è andata.

41

Una questione molto unilaterale

Tutto cominciò con il matematico tedesco August Ferdinand Möbius (1790-1868). Correva l'anno 1858 quando gli venne l'idea di incollare non «semplicemente così» un nastro di carta, ma di girare una delle estremità di 180 gradi prima di impiegare la colla. Nacque così il nastro di Möbius! Sono tuttavia convinto che molti combinarono un nastro nello stesso modo anche prima di Möbius; però Möbius fu il primo a considerare quell'oggetto come un argomento matematico da prendere sul serio.

Che cosa c'è di speciale nel nastro di Möbius? Quando si incollano «normalmente» le estremità di una striscia di carta, ne risultano un fuori e un dentro: si può dipingere il lato esterno con un colore e quello interno con un altro. Ci sono anche due bordi o margini: uno sopra e l'altro sotto.

Nel nastro di Möbius è tutto diverso. La differenza fra fuori e dentro non c'è più. Se si comincia a dipingere il nastro in un punto, e si prosegue, alla fine ci si trova ad aver dipinto l'intero nastro! Il che vuol dire: il nastro di Möbius ha un solo lato, ed è un lato molto unilaterale. E ha anche un solo margine o bordo. Se si scorre con una mano lungo il bordo, lo si percorre tutto senza doverla staccare mai.

La faccenda si fa però davvero emozionante se tagliate un nastro di Möbius fatto di carta lungo la linea mediana. È un esperimento che raccomando caldamente, perché succede una cosa stupefacente! Il nastro si scompone in due parti? Nient'affatto: ne viene fuori un unico nastro di lunghezza doppia e in compenso di larghezza dimezzata! E non è un mistero, perché si può chiaramente spiegare: abbiamo appena visto che il nastro «magico» ha un unico bordo o margine continuo. Poiché questo, nella fase di «dimezzamento», non è mai intersecato, il risultato non può che essere ancora una volta un pezzo solo.

L'esito è ancora più sorprendente se si taglia un nastro di Möbius a un terzo della sua larghezza. Infilate la punta della forbice all'altezza di un terzo dal bordo destro e tagliate poi il nastro di Möbius per tutta la sua lunghezza tenendovi sempre alla stessa distanza dal margine destro. Che cosa succede? Ora il nastro si scompone in due parti! Vi trovate con un nastro di Möbius stretto e uno di larghezza doppia, e i due sono infilati l'uno nell'altro!

Ci si può spiegare anche questo: immaginiamo di compiere il primo esperimento (il dimezzamento) tagliando in mezzo un nastro sufficientemente largo. Quel che rimane è il nastro di lunghezza doppia mentre la parte tagliata via è uno stretto nastro di Möbius.

A proposito: il nastro di Möbius non è solo un oggetto ideale sul quale sperimentare la nostra percezione dello spazio, ma ha anche applicazioni pratiche. Ricordate ancora l'ormai lontano tempo in cui usavamo per la macchina da scrivere e per la stampante un nastro colorato? Negli ultimi modelli occorreva inserire nella macchina l'intera cassetta del nastro. Una volta consumato il colore per la stampa di uno dei due lati, bisognava estrarre la cassetta e inserirla capovolta. Però in alcune cassette quest'ultima manovra era inutile: perché il nastro era sviluppato come un nastro di Möbius, così che entrambi i lati venivano consumati uniformemente.

42

*Roteiro, il pallone dei campionati europei**

Sta per scoppiare di nuovo la febbre del pallone. Quando cominceranno i campionati europei di calcio, i giornali e i programmi televisivi saranno pieni delle cronache dai campi di allenamento, di interviste agli esperti e di racconti sugli acciacchi dei calciatori. Le emozioni si accenderanno, le partite saranno ora avvincenti e ora noiose... e quando tutto sarà concluso ciascuno dirà di aver già saputo prima come sarebbe andata a finire.

In mezzo alle tante chiacchiere può capitare di perdere di vista il motivo del contendere, e cioè il pallone, oggetto di tutte le brame. Ormai è scontato che per ogni grande evento calcistico si ridisegni da capo il pallone: perché altrimenti nessuno ne comprerebbe di nuovi. Per l'occasione si è escogitato qualcosa di particolarmente suggestivo. Il pallone dei campionati europei della pedata è color argento e ricorda il globo terrestre, perché le linee che ci si vedono disegnate alludono ai paralleli e ai meridiani. La grande tradizione degli esploratori e dei conquistatori portoghesi tornerà insomma d'attualità. Ciò che maggiormente la evoca è

* Questo capitolo è stato scritto e pubblicato sulla rivista scientifica alla vigilia dei campionati europei che si sono disputati nel 2004 in Portogallo. (*N.d.T.*)

il nome del pallone: il Roteiro. Così si chiamava il giornale di bordo di Vasco de Gama (1469-1524), uno dei più grandi navigatori e scopritori della storia del Portogallo.

La più bella superficie del pallone non può tuttavia nascondere quel che c'è sotto, ovvero le parti che sono state cucite insieme per comporre la palla. Sono poligoni, e precisamente esagoni e pentagoni regolarmente accostati. Se prendete il Roteiro in mano ve ne accorgerete subito. Ma vi basterebbe richiamare alla memoria un pallone qualsiasi, di quelli bianchi e neri, con le macchie nere distribuite in modo uniforme sulla superficie: le parti nere pentagonali e quelle bianche esagonali. L'impressione che il pallone vi dà è tuttavia che sia sostanzialmente bianco con alcune macchie nere soltanto. Ed è un'impressione esatta: gli esagoni bianchi sono infatti 20 e i pentagoni neri solo 12. Se si impiegassero esclusivamente esagoni ci si troverebbe inguaiati. E questo perché gli esagoni si adattano così perfettamente l'uno all'altro da formare una superficie piana. Poiché ogni angolo è esattamente di 120 gradi, tre si sommano a formare 360 gradi, ovvero l'angolo giro piatto. In altre parole, con gli esagoni regolari non si potrebbe, nemmeno con la miglior buona volontà, realizzare un pallone. Usando solo pentagoni si potrebbe invece ottenere una struttura vagamente «tonda»: dodici pentagoni compongono il dodecaedro (poliedro a dodici facce), uno dei «solidi platonici», così detti per essere stati studiati oltre duemila anni fa dal filosofo greco Platone.

Senonché il dodecaedro risulterebbe per gli odierni artisti del pallone, con la loro tecnica raffinata, troppo poco tondo. Per questo si è finito con l'optare per il pallone composto di 32 parti, il quale costituisce un compromesso fra la rotondità ottimale e un limitato numero di parti componenti. Delle altre possibilità di formare solidi mediante poligoni regolari mi sono già occupato nel capitolo intitolato *L'errore del signor Herberger*.

A questo punto vale la pena di soffermarsi un momento sul fatto che il pallone deve essere anche prodotto. Le parti devono cioè essere cucite, e precisamente in modo che tutte le cuciture siano all'interno. Come lo si fa? L'ipotesi che viene spontanea, ovvero che il pallone sia cucito da una parte per essere poi rovesciato non può essere giusta, perché altrimenti dovrebbe essere possibile anche l'operazione contraria!

Però il concetto di fondo è esatto: il pallone è cucito lungo una delle due superfici fino a quando rimane giusto lo spazio per rovesciarlo. (Operazione che richiede mani piccole e robuste: ed è questa una delle ragioni per cui molti palloni sono confezionati da bambini. Anche se poi, su quello che vi troverete a usare, sarà sicuramente scritto che non è frutto di lavoro minorile...) Una volta rovesciata la tomaia, non tutte le cuciture saranno però pronte. Le ultime vanno fatte con punti grandi e un po' grossolani, organizzati in modo tale che alla fine basti tirare un filo... perché tutto si combini e si contragga.

Un mio suggerimento in previsione dei prossimi campionati europei di calcio: se la vostra squadra preferita dovesse deludervi, consolatevi pensando alla bellezza matematica del pallone!

43

La quarta dimensione? Semplicissima

«Riesci a figurarti la quarta dimensione?» mi ha chiesto tempo fa l'amico Peter. Ci incontriamo una volta al mese, parliamo del più e del meno e intanto scoliamo qualche birra. Mi sono sentito quasi in imbarazzo nel dovergli confessare: «Figurarmela? No!» Noi matematici riusciamo, senza problemi, a fare calcoli in spazi quadridimensionali. «Ma se devo essere franco, lo spazio quadridimensionale è al di là della mia capacità d'immaginazione».

Peter si è dichiarato deluso: «Non me lo sarei mai aspettato da un matematico!»

Che dire? Ero in un bel pasticcio. E quindi, per tentare di trarmi in qualche modo dall'imbarazzo, ho tuffato il naso nel boccale della birra e ho bevuto un bel sorso prima di riappoggiarlo lentamente sul tavolo. E in quel momento mi è venuta una buona idea: «Forse riuscirò a spiegarti lo stesso qualcosa. Sai certamente che cosa è un dado. Ebbene, esiste anche un dado quadridimensionale, un dado in spazio quadridimensionale. E su questo dado – o cubo – quadridimensionale posso raccontarti tutto».

«Così andiamo già meglio» ha borbottato Peter e poi mi ha spronato: «Coraggio, sentiamo qualcosa sul tuo dado a 4-D!»

Ho preso un sottobicchiere, di quelli per i boccali

della birra, e ho cominciato così: «Innanzi tutto facciamo un passo indietro e passiamo dal dado tridimensionale a quello bidimensionale».

«Come prego?» Lo stupore di Peter è stato autentico.

«Un dado bidimensionale non è altro che un quadrato».

E questo l'ha capito subito: «Giusto, una figura fatta di quattro lati uguali e di quattro angoli retti».

«Benissimo. Contiamo come prima cosa gli angoli. Il quadrato ne ha 4, il cubo 8 e quindi il dado a 4-D ne avrà...» Ho fatto una breve pausa per dargli l'opportunità di rispondere. Ma poi sono stato io a completare la frase: «... esattamente 16».

«E quanti sono gli spigoli?» Peter si era evidentemente imbaldanzito.

«Guardiamo innanzi tutto quanti spigoli convergono in un angolo. Nel quadrato, dove non sono spigoli ma lati, sono 2; nel cubo 3, e nel dado quadridimensionale... » qui ho alzato suggestivamente il tono della voce «... sono 4».

«Che altro mi sai dire?»

«Buona domanda. Stai attento. Quelli del quadrato sono lati, quelle del cubo sono superfici quadrate e quindi nel nostro dado a 4-D avremo... cubi a 3-D!»

«Ma quanti?» ha chiesto Peter.

«Se ci tieni proprio a saperlo: quanti cubi a 3-D convergono su un vertice del dado a 4-D?»

«Gli spigoli sono quattro... e a tre alla volta formano un dado. E poiché fra quattro spigoli se ne possono scegliere tre in esattamente quattro modi, abbiamo quattro dadi a 3-D su ogni vertice».

«Che fanno un totale di...?»

«Be', 16 vertici per 4. E quindi 64. Però ogni dado a 3-D ha otto vertici e può essere osservato da ogni vertice. Quindi abbiamo esattamente... 64 diviso 8 uguale a 8... otto normali dadi in un dado a 4-D».

Peter ha buttato giù un gran sorso di birra prima di commentare: «Però continuo a non riuscire a figurarmi un dado a quattro dimensioni».

«Ascolta. Come costruiresti un normale dado o cubo a 3-D?»

Questo Peter lo sapeva: «Si possono tagliare le superfici laterali in modo talmente combinato da non dover poi far altro che piegare e incollare lungo pochi spigoli». Ci ha pensato su un momento e poi ha continuato: «E cioè quattro quadrati in fila dall'alto in basso, e poi altri due, uno a destra e uno a sinistra».

«Perfetto!» ho confermato. «È una struttura che si chiama la rete del cubo. Con un cubo o dado a 4-D avviene esattamente lo stesso».

«Come... lo stesso?»

«Ovviamente con un adattamento. La rete è nello spazio tridimensionale, non su un piano, e perciò consiste di normali cubi a 3-D. Quattro uno sopra l'altro e inoltre uno a destra, uno a sinistra, uno davanti e uno dietro».

«E come vuoi che mi possa figurare una cosa del genere?»

«Perché no? Dopo tutto si svolge nello spazio tridimensionale!» ho insistito. «Salvador Dalí ha dipinto in un quadro esattamente questo costrutto, ovvero una crocifissione in cui la croce è la rete di un cubo a 4 dimensioni».

Peter, come sempre, ha voluto l'ultima parola: «Tipico Dalí. Blasfemo ma geniale».

44

I numeri primi delle cicale

L'ultima volta è accaduto nell'estate del 2004. Nell'arco d'una notte l'intera America settentrionale è stata invasa da miriadi di cicale. Per pochi è stato addirittura un motivo di gioia, perché certi buongustai considerano le cicale degli autentici bocconcini. I gatti, per parte loro, sono stati per un certo periodo come nel paese della cuccagna: non dovevano far altro che aprire la bocca ed ecco che un altro manicaretto alato volava loro in gola.

Per la maggior parte degli americani le cicale sono state invece un autentico flagello. Erano davvero troppe, al punto che, per tenere le strade sgombre, occorreva spazzarle via. Inoltre questi insetti, ovunque compaiano, sono decisamente troppo chiassosi: fanno, di notte e di giorno, il baccano di un esercito di falciatrici. Infine, a molte persone, le cicale fanno semplicemente schifo.

Ma dopo un paio di settimane tutta la baraonda era finita. Le cicale avevano mangiato a più non posso e si erano riprodotte a ritmo da record del mondo. Le larve sonnecchiavano nel terreno in attesa di futura e nuova vita. In giro erano rimasti solo mucchi di cicale morte che si sono dovute togliere di mezzo a colpi di scopa, di pala e di aspirapolvere.

La gente ha potuto tirare un sospiro di sollievo. Anche perché sapeva che le cicale non sarebbero tornate l'anno dopo, nemmeno in quello successivo e neanche dopo tre anni. Però prima o poi sarebbero tornate, questo sì. Anzi, non prima o poi, bensì esattamente dopo 17 anni!

Diciassette? Perché proprio 17? Possibile che le cicale sappiano contare fino a 17? Be', diciamo che alcune specie tornano dopo 13 anni, altre ricompaiono perfino dopo sette. Strani numeri, dirà qualcuno, meravigliato. Sono in effetti numeri notevoli, e cioè numeri primi. E non è un caso che le cicale tornino al ritmo di numeri primi.

Infatti, in questo modo, le cicale giocano un tiro birbone agli animali che si nutrono di loro. E come? Per capirlo occorre un po' di matematica. Supponiamo che una specie di cicale ricompaia a cadenze di dodici anni. E immaginiamo che gli animali che le divorano, i predoni, non si presentino a loro volta ogni anno, ma solo ogni paio d'anni. I predoni, nel corso del primo anno «in comune», hanno mangiato cicale a sazietà e vorrebbero ovviamente rifare la scorpacciata alla successiva occasione. Ammesso che la specie dei predoni si presenti ogni due anni, allora comparirebbe nelle annate 2, 4, 6, 8, 10, vale a dire mentre le cicale sono in letargo, e dovrebbe quindi nutrirsi di altro. Però il dodicesimo anno, al ritorno delle cicale, anche i predoni sarebbero sul posto e disporrebbero di grasse e saporite cicale in quantità. Anche se i predoni avessero un ritmo di ricomparsa tri- o quadriennale, beccherebbero le cicale alla loro successiva presenza dopo dodici anni. Detto in altre parole: simili cicale si sarebbero già da tempo estinte!

Invece le cicale, accorte come sono, hanno un ritmo di ricomparsa non ogni 12, ma ogni 17 anni. Se i predoni si presentano ogni due anni, le due specie si incontreranno solo dopo 34 anni, e se i predoni avessero un ritmo triennale, riuscirebbero a ritrovare le cicale solo dopo 51 anni! Anche le cicale con ritmo di ricomparsa ogni 13 anni sono alquanto al riparo dalla prospettiva di essere divorate: se i loro nemici si ripresentano ogni tre anni, ritroveranno qualcosa da mangiare solo dopo 39 anni.

Il matematico osserva queste cose con stupore: le cicale si sottraggono infatti all'estinzione con i numeri primi! Ed è un metodo quasi perfetto: perché i loro nemici predatori non hanno evidentemente elaborato alcuna contro-strategia.

Poco importa che i predoni siano o meno bravi in matematica: contro il potere dei numeri primi non hanno alcuna possibilità di farcela!

45

Il girotondo dei numeri

Lo ricordo ancora esattamente. Frequentavo la terza elementare e avevo appena imparato a fare, per iscritto sul quaderno, le moltiplicazioni, quando mio padre mi mostrò uno strano oggetto. Buttò «la cosa» sul tavolo, senza dire una parola e fingendo indifferenza, e quindi si sedette. Però il suo sguardo e soprattutto un vago accenno di sorriso dicevano che quell'affare doveva essere speciale.

«La cosa» era un disco di cartone sul quale erano riportati in circolo dei numeri, non nella normale sequenza 1, 2, 3, 4, 5..., e neppure come se si trattasse d'una tabellina della tavola pitagorica, per esempio 2, 4, 6, 8... No, i numeri sembravano disposti a casaccio.

«Quanti numeri ci sono sul disco?»

Aha, dunque papà aveva deciso di svelare il mistero. Contai: «1, 2, 3, 4, 5, 6. Sono sei numeri».

«E di che numeri si tratta?»

Lessi con precisione i numeri in fila: «1, 4, 2, 8, 5, 7. Che numeri sono?»

«Finora hai letto solo le singole cifre, dunque i mattoni costituenti dei numeri. Però i sei numeri si possono anche considerare insieme». Scrisse su un foglio 142.857 e domandò: «Come si chiama questo numero?»

Dal momento che i grandi numeri mi stavano da

tempo affascinando, riuscii a leggere scorrevolmente anche quello: «Centoquarantaduemila ottocento cinquantasette».

«Già» proseguì mio padre, «però si potrebbe cominciare anche in un altro punto a leggere i numeri in circolo». E scrisse 428.571.

«Quattrocentoventottomila cinquecento settantuno» lessi diligentemente.

«Appunto» continuò, «oppure 285.714, o 571.428...»

«Oppure» intervenni girando il disco «anche 714.285 o 857.142».

«Prendi allora il primo numero che abbiamo letto e moltiplicalo per due».

«Intendi il centoquarantaduemila...»

«Sì, proprio quello».

Presi il foglio e cominciai a fare l'operazione. Non era difficile. Dopo poco tempo ebbi il risultato: 285.714.

«Non noti niente?» domandò mio padre, e mi allungò come per caso il disco con un altro mezzo sorrisetto rivelatore.

Ma certo! Era lì! Bastava girare il disco, ed ecco proprio quel numero. Incredibile!

«Ora moltiplica quel primo numero per tre!»

Ovviamente a quel punto m'insospettii subito... anche se mi sembrava impossibile! Però feci il calcolo e ottenni 142.857 × 3 = 428.571, di nuovo uno dei numeri della fila in circolo! Mio padre non dovette dirmi altro. E infatti tacque e mi lasciò fare le altre moltiplicazioni:

$$142.857 \times 4 = 571.428$$
$$142.857 \times 5 = 714.285$$
$$142.857 \times 6 = 857.142$$

«Non è straordinario?» Papà aveva la facoltà di meravigliarsi anche delle cose che già conosceva. «Un numero di sei cifre che moltiplicato per 1, 2, 3, 4, 5, 6 dà per risultato una sorta di girotondo del medesimo!»

«Folle! Ci sono altri numeri del genere?»

La risposta che papà mi diede quel giorno non la capii. Perché era ed è un po' complicata. Se si calcola la frazione $^1/_7$, la si rappresenta cioè come una frazione decimale, si ottiene: $^1/_7$ = 0,142857... I puntini stanno a significare che si tratta di una frazione decimale «periodica», ovvero d'un numero che, scritto in modo più esteso, ha questo aspetto: 0,142857142857142857...

Nel caso di $^1/_7$ il periodo ha la lunghezza massima possibile, ovvero di 1 inferiore al denominatore. La successiva frazione con questa qualità è $^1/_{17}$ = 0,0588235294117647... Qui il periodo è di sedici cifre. E anche il numero 0588235294117647 ha la «proprietà girotondo». Ciò vuol dire che il risultato delle moltiplicazioni per i numeri 1, 2, 3... 16 è sempre un ciclico spostamento del numero di partenza. Si ottiene sempre un «numero girotondo» (nella letteratura specialistica sono detti «numeri ciclici») se la frazione 1/p ha il maggior periodo possibile, dunque un periodo d'una lunghezza p – 1.

Questo mio padre non lo sapeva, e io allora non l'avrei capito. Però oggi ricordo ancora il semplice disco di cartone con le sei cifre.

46

Giochi coi dadi

Siamo diretti in vacanza a bordo della macchina di famiglia. I nostri figli Christoph e Maria sono seduti dietro sui loro seggiolini, sudano e sfogano il loro malumore su papà che sta guidando. Tutte le cassette musicali sono già state ascoltate un'infinità di volte, caramelle non ce ne sono più e dentro il piccolo refrigeratore l'aria è ormai calda come fuori.

«Conosci un altro gioco?» domanda Maria.

Mia moglie, che ha la pazienza di Giobbe, le riepiloga tutti i giochi già fatti e sollecita Maria a giocarci di nuovo. Ma evidentemente la piccola non l'ascolta neppure: «No, voglio un gioco coi dadi!»

Ci mancava solo questa. Finiranno tutti sul pavimento. È inevitabile infatti che, a causa degli scossoni, i dadi finiscano per terra. Di per sé sarebbe poco importante, perché il ripiano davanti ai sedili posteriori è comunque già un immondezzaio nel quale si affonda fino alle caviglie.

Mi viene un'idea: «Conosco un gioco per cui occorre un solo dado e nient'altro».

Mia moglie tira fuori un dado. E improvvisamente anche Christoph sembra interessato: «Dammelo!» Però mia moglie decide: «Ora tocca a Maria».

La quale domanda: «Che cosa devo fare con questo dado?»

Rispondo con una domanda: «Quante volte devi gettare il dado perché ti esca il 6?»

Non dice niente e fa invece rotolare il dado: 1, 4, 4, 6. Intanto conta e alla fine annuncia, tutta fiera: «Ho dovuto gettarlo solo quattro volte per avere il 6!»

Christoph trova da ridire: «Ma se ti avesse chiesto un 3 a quest'ora non avresti finito!»

Però Maria non si lascia turbare: «Va bene, ricomincio da capo».

L'interrompo: «Aspetta! Continua a gettare il dado fino a quando saranno usciti tutti i numeri!»

«Tutti?»

«Sì, dall'1 al 6».

«Va bene. Finora ho fatto 1, 4, 4, 6». Riprende a gettare il dado: «1, 2, 3, 6, 3, 4, 5». Sembra stupita: «Ho dovuto gettare il dado, in tutto, undici volte per far uscire almeno una volta tutti i numeri».

Christoph non la vuol proprio lasciare in pace: «Sei scarsa! Non sai gettare il dado. Lascia che ci provi io!»

Non dico niente, perché so già che cosa succederà adesso.

Christoph getta il dado: 5, 6, 5, 4, 4, 2, 3, 5, 5, 4, 3, 6, 3, 1. È meravigliato anche lui: «Quattordici volte!»

Maria trionfa: «Vedi che non sai fare di meglio?»

Avevo previsto anche questa reazione. Ma, quanto all'elevato numero di lanci necessari, lo avevo previsto non perché possieda facoltà di chiaroveggenza o perché io sia particolarmente furbo, ma perché so che cosa dice a proposito la matematica.

Spiego ai bambini: «Quando si getta il dado ci sono sei probabilità. E allora ce ne vuole prima che tutte le possibilità si siano realizzate. Non sei lanci...»

«Ma un po' di più!» m'interrompe Maria.

«Sì, anche se non è un po' di 'più', ma un po' di

‘volte’». E poi, rivolto a mia moglie: «Infatti occorre fare addirittura una moltiplicazione complessa, per un numero di poco inferiore al 2,5. Alla conclusione della quale si scopre che occorrono mediamente 14 tentativi!»

«Ma non sempre!» interviene Christoph che è costantemente convinto di saperne di più. «Potrebbe anche accadere che mi vengano fuori tutti i numeri con soli sei lanci».

«Sì. Può succedere. Ma non tanto spesso. La situazione tipica è quella in cui occorrono molti lanci prima di aver realizzato tutti e sei i numeri. Non è dunque il caso di meravigliarsi se ci avete impiegato tanto. Né dipende dalle vostre capacità. È così normalmente».

E cito un altro esempio: «Se cominciasse a piovere...»

«Non ci mancherebbe che questa!» esclama l’intera famiglia in coro.

«Se cominciasse a piovere» ricomincio, «il terreno non si bagnerebbe subito tutto, ma ci vorrebbe qualche tempo. È esattamente la stessa cosa del lancio dei dadi. Potremmo disegnare per terra un gran numero di quadratini. Inizialmente le gocce cadrebbero in alcuni quadratini, e in alcuni finirebbero anche subito due o anche più gocce. Però ne occorrerebbero parecchie perché risultino infine bagnati tutti i quadratini!»

47

Inizi dell'infinito

«È fantastica l'infinita profondità di questo paesaggio!» ha esclamato un pomeriggio d'inverno mia moglie mentre passeggiavamo avendo davanti a noi una vasta distesa innevata.

Affermazioni come questa generano sempre in me un conflitto interiore. Che sia il caso di correggerle, mi domando, e di spiegare che cosa direbbe a proposito la matematica? O è meglio lasciar perdere per non turbare l'atmosfera?

Ovviamente ho fatto la scelta sbagliata: «Non è infinita» ho spiegato, «ma solo grande. Possiamo anche immaginare che la pianura innevata si estenda al di là di ogni limite, ma in realtà non è così perché a un certo punto finisce».

«Però io la trovo bella lo stesso!» E qui non ho trovato nulla da ridire.

«A volte mi capita di avere questa sensazione» ha continuato lei. «Anche al mare colgo questo senso d'infinità. Anzi, al mare anche di più. E se a voi matematici non dice niente, peggio per voi!»

A questo punto mi sono sentito in dovere di salvare l'onore della matematica: «Ma certo che ci dice qualcosa. Anzi: noi scorgiamo gli inizi dell'infinito anche in oggetti e fenomeni per nulla appariscenti. Non ci occorrono romantici spettacoli della natura».

«Che cosa significa 'inizi dell'infinito'?»

«Mi sembra evidente. Al mondo non esiste niente di autenticamente infinito». L'ho vista aggrottare la fronte e lanciarmi uno sguardo perplesso, però mi ha lasciato continuare: «Tutto è limitato, tutto ha una fine da qualche parte. Un campo di neve è interrotto da strade, e il mare è circondato dalle rive. E noi lo sappiamo anche se non le vediamo».

È rimasta scettica, però non mi ha interrotto: «Per esempio le lastre che formano la pavimentazione stradale sulla quale stiamo camminando. Sono regolarmente disposte in fila. E così sarà ancora per un po', ma a un certo punto finiranno. Noi però possiamo figurarci un eventuale prolungamento. Le lastre della pavimentazione si possono contare: 1, 2, 3 e così via. Anche questo è un inizio dell'infinito!»

Non mi è sembrata persuasa, e quindi ho insistito: «Anche le piastrelle nel nostro bagno sono disposte regolarmente. Verso sinistra e verso destra, verso l'alto e verso il basso. Sappiamo benissimo come si svilupperebbe ulteriormente il modello. E un piastrellista non ha certo bisogno di predisporsi un progetto apposito prima di rivestire un bagno. E anche nel caso delle piastrelle si può contare, addirittura in due direzioni».

«Viste così le cose» è intervenuta mia moglie, sempre ancora piuttosto sulle sue, «ci sono tantissimi inizi dell'infinito».

«È quel che dicevo. Per esempio il motivo a quadretti della mia sciarpa, oppure la scacchiera, la carta quadrettata, le strisce pedonali...»

Mi sono perfino entusiasmato nell'esporre le mie argomentazioni: «Si trovano inizi dell'infinito anche nella moderna arte figurativa. Per esempio in Andy Warhol. Ricordi certi suoi quadri? Cento volte Marilyn Monroe o cento volte la Campbell's Tomato Soup? Sono dipinti che potrebbero estendersi in tutte le direzioni. Si possono immaginare mille o milioni... oppure un'infinità, appunto, di persone o di oggetti raffigurati. Perché sappiamo come il modello si svilupperebbe! »

Mentre tornavamo a casa ho spiegato ancora: « È ovunque così. Cogliamo nella piccola dimensione un modello e sappiamo come può essere sviluppato. Ci basta avere la nozione di una parte piccolissima per cogliere l'infinito ».

Mia moglie non mi stava nemmeno più a sentire. Quando siamo rientrati a casa si è diretta subito verso la libreria, ne ha estratto un libro, lo ha sfogliato un po' fino a quando ha trovato la pagina che cercava. A quel punto il suo volto si è rischiarato in un'espressione di soddisfazione perché aveva capito che avrebbe avuto, anche stavolta, l'ultima parola: « Ascolta quello che Alfred Polgar* ha scritto nel 1922. È esattamente ciò di cui abbiamo parlato prima! » E mi ha letto il brano: « Lo stagno è piccolo. Però se si restringe il campo visivo portando le mani accanto agli occhi a mo' di paraocchi, tagliando così via le sponde, si può sognare che sia infinitamente grande ».

« E Polgar » ha concluso in tono trionfante, « aggiunge: 'Tutto dipende dal saper sognare' ».

* Autore austriaco (1873-1955) di romanzi e prose brevi oltre che critico teatrale a Vienna e a Berlino. Esule dal 1938 negli Stati Uniti, da cui tornò nel 1945. (*N.d.T.*)

48

Quadrati magici

Ultimamente mi sono proprio arrabbiato. Mi avevano invitato ad assistere a uno spettacolo nel corso del quale si sarebbe esibito un « artista dei numeri ». Ho pensato: chissà, forse ci sarà qualcosa da imparare. E invece è stato una totale delusione. L'« artista » ha spacciato banalità per chissà che cosa, senza svelare al pubblico i suoi apparenti trucchi.

Uno dei « momenti culminanti » dello show è venuto quando si è fatto dire, da una persona del pubblico, un numero, « diciamo fra 40 e 100 », e poi ha disegnato un cosiddetto quadrato magico, con quattro numeri in ogni riga verticale e orizzontale, la somma dei quali era sempre esattamente quel dato numero.

Quando la rabbia è sbollita, ho pensato: « Lo saprei fare anch'io! » E dopo averci riflettuto un po', me ne sono anche convinto. Nel frattempo, lo so: lo sapreste fare anche voi, perché lo possono fare tutti! I metodi per arrivarci sono diversi. Uno consiste nell'imprimersi bene in mente questo schema:

a+b	a	12a	7a
11a	8a	b	2a
5a	10a	3a	3a+b
4a	2a+b	6a	9a

I simboli a e b possono corrispondere a numeri qualsiasi. Qualunque sia la scelta, ne risulta sempre un quadrato magico! Se per esempio decidete che a = 3 e b = 10, otterrete il seguente quadrato:

13	3	36	21
33	24	10	6
15	30	9	19
12	16	18	27

Non è un quadrato qualunque, ma – appunto – un quadrato magico, la cui particolarità sta nel fatto che la somma dei numeri d'ogni colonna verticale e orizzontale dà come risultato sempre lo stesso numero. Se per esempio si sommano i numeri della prima riga orizzontale si ottiene 13 + 3 + 36 + 21 = 73. Vogliamo riprovare? E allora sommiamo i numeri della terza colonna verticale: 36 + 10 + 9 + 18 = 73. Funziona in tutti i casi, e funziona anche sommando i numeri delle due diagonali: 13 + 24 + 9 + 27 = 73, e 21 + 10 + 30 + 12 = 73.

Difficile? Sì, lo ammetto. Ma non troppo difficile. Tutto considerato la ricetta non è di quelle eccessivamente complicate. Preparare e cucinare una teglia di lasagne richiede di più. E a ogni ragazzina di dodici anni che sappia eseguire al pianoforte il cosiddetto «Valzer della Pulce» è stata richiesta una prestazione mnemonica maggiore.

Torniamo a guardare lo schema generale. Se si calcola la somma degli importi d'una qualsiasi colonna verticale o orizzontale si ottiene sempre il «numero magico» 21a + b. E lo stesso vale per le diagonali. Si ottiene l'identico risultato perfino sommando i quattro numeri che costituiscono, in quadrato, l'angolo in alto a destra. E quelli dell'angolo in alto a sinistra. Per non parlare di quelli degli angoli in basso a destra e a sinistra: il risultato dell'addizione è sempre lo stesso. E volete sapere qual è la somma dei quattro numeri d'angolo? O dei quattro radunati al centro? Non sbaglierete a dire che otterrete nuovamente il numero magico 21a + b. E così via. Anche cambiando i numeri secondo la formula indicata, si ottiene immancabilmente lo stesso 21a + b.

Una volta capito il meccanismo, potete avventurarvi nella pratica. Chiedete a qualcuno di dirvi un numero e, per non complicarvi eccessivamente la vita, aggiungete: «... per esempio fra 40 e 100».

Supponiamo che scelga l'88. Vi risulterà molto semplice trovare i valori di a e b: sottraete 21 da 88, una, due, tre o quattro volte. Il numero delle volte che eseguite la sottrazione è a, il resto della sottrazione è b.

Se optate per a = 3, allora avrete b = 88 – 3 × 21 = 25. A questo punto potete disporre «magicamente» il vostro quadrato, senza dimenticare ovviamente di fingere di spremervi chissà quanto le meningi!

28	3	36	21
33	24	25	6
15	30	9	34
12	31	18	27

Perciò se, in avvenire, vi dovesse capitare di vedere qualcosa di simile, non vi meravigliate. Non cadete in ginocchio in preda a timore reverenziale. Dite piuttosto: «Macché magia! È semplicissimo. Questa è matematica! Ne sono capace anch'io!»

49

Le stelle nell'amaro

Vado in Italia due volte all'anno, a trovare l'amico Franco. Ovviamente, in ognuna di queste circostanze, lavoriamo a un progetto scientifico. Però stiamo anche volentieri insieme. Franco conosce un incredibile numero di storie e le racconta talmente bene che non si capisce mai se siano vere oppure se – per fare più effetto – le abbia un po' arricchite con la sua fantasia.

Più volte al giorno raggiungiamo quello che è il luogo prediletto dagli italiani: il bar. Quando Franco dice «Beviamo un caffè!» nella sua voce c'è una raffinata mescolanza di sollecitazione, esposizione d'una necessità e descrizione d'un bisogno imperioso a cui non so resistere. Molto raramente, e solo quando è di ottimo umore, ordina qualcosa di alcolico, e più precisamente un Ramazzotti, ovvero la risposta italiana al tedesco Jägermeister.

Una sera Franco era seduto al bar in un'allegra disposizione di spirito, pronto a raccontare storie senza fine, e intanto reggeva in mano il suo Ramazzotti nel caratteristico bicchiere alto. Non lo beveva ma imprimeva al liquido scuro, con un abile movimento, una rotazione. «Una forma matematica» ha improvvisamente detto il mio amico, gli occhi puntati nel bicchiere. Occorre precisare che non comprendo sempre tutto quello che mi dice in italiano, e per questo, lì per lì, non ho reagito e mi sono semplicemente limitato ad aspettare il seguito.

Ha ripetuto: «È una forma matematica. Credo che la si impieghi per i telescopi». Continuavo a non capire. Però ero sicuro che si sarebbe spiegato meglio.

«Guarda!» Ha preso il bicchiere dall'alto imprimendogli con tutte e cinque le dita un movimento rotatorio leggero ma costante, così che il contenuto, girando, dava luogo a una forma davvero bella: il liquido scuro saliva lungo le pareti e si abbassava in compenso al centro. Franco ha aspettato che io ammirassi doverosamente il suo giochino d'abilità e poi ha aggiunto: «Questa è la forma di un paraboloide. E la si usa per i telescopi».

A questo punto gli ho rivolto due domande. La prima: «Che cosa significa 'paraboloide'?»

«Immaginati di fare una sezione verticale del bicchiere: la curva che il Ramazzotti traccia nel bicchiere è una parabola. La corrispondente struttura spaziale è un paraboloide».

La seconda domanda è stata: «Che cosa c'entrano i telescopi?»

«Dovresti saperlo» ha detto fingendo delusione, ma è stato in realtà ben contento di potermelo spiegare. «Una parabola ha un punto focale, e il paraboloide anche. In altre parole, la luce che vi penetra verticalmente si concentra nel punto focale». Ha sollevato il bicchiere verso una lampadina e ha tentato di mostrarmi il punto focale. «In astronomia si usano enormi specchi parabolici per riuscire a catturare il po' di luce che viene dallo spazio e raccoglierla nel punto focale».

Mi è parso di capire: «Si costruisce dunque un grande specchio dandogli la forma di quel Ramazzotti?»

«Non hai capito la battuta! Anche lo specchio parabolico è fatto di un liquido! E precisamente di mercurio, l'unico metallo che a temperatura ambiente è liquido. Si conferisce un impulso rotatorio all'enorme affare, che può avere anche alcuni metri di diametro, e al mercurio liquido, scintillante come l'argento, che contiene. La rotazione deve essere molto uniforme. In superficie si forma allora un paraboloide. Proprio come nel Ramazzotti. Un perfetto paraboloide matematico. Non uno realizzato dall'uomo o da una macchina, ma un paraboloide fatto dalla matematica!»

Franco era soddisfatto. Della sua storia e di se stesso. Ma soprattutto di averci resi consapevoli di un mirabile esempio di matematica applicata. A quel punto ha impugnato il suo Ramazzotti, lo ha fatto roteare ancora un po', ne ha saggiato il profumo e – finalmente – ne ha bevuto il primo sorso.

50

No, in questo caso Freud non si sbaglia!

Circa cent'anni fa uno stimato medico di Berlino, il dottor Wilhelm Fliess, scoprì il bioritmo. Sulla base delle storie cliniche dei numerosi suoi pazienti ritenne di aver scoperto un modello generalmente valido:

- una «curva corporea» con un periodo di 23 giorni, la quale descrive le condizioni fisiche, la vitalità, lo stato immunitario e simili;
- una «curva emotiva» con un periodo di 28 giorni, la quale ricalca gli stati d'animo, i sentimenti e la creatività.

In un secondo tempo venne aggiunta alle due anche una «curva spirituale», con un periodo di 33 giorni.

Secondo la teoria dei bioritmi, la vita di una persona potrebbe essere ben descritta mediante queste curve. Fliess pubblicò ciò che ritenne di aver scoperto nel 1906 con il titolo *Il ritmo della vita*, e l'idea del bioritmo conobbe da allora un'accoglienza trionfale.

Ne fu informato anche Sigmund Freud, il padre della psicanalisi. Freud fu particolarmente affascinato dai «numeri di base» 23 e 28. E questo perché, secondo Freud, con essi si potevano rappresentare tutti i numeri importanti. Aveva notato che molte persone note morivano all'età di 51 anni, e in effetti 51 = 23 + 28.

Freud era inoltre del parere che il 13° giorno del mese fosse un giorno fortunato, e il fatto non stupisce molto se si considera che $13 = 3 \times 23 - 2 \times 28$.

Non so se Freud giudicasse questo dato di fatto come una conferma della teoria di Fliess sulla periodicità. Quel che Freud evidentemente non sapeva però era che con 23 e 28 si può rappresentare ogni numero.

Per esempio: $125 = 3 \times 23 + 2 \times 28$; $31 = 5 \times 23 - 3 \times 28$; $1 = 11 \times 23 - 9 \times 28$. Quest'ultima equazione è particolarmente importante perché ne consegue che effettivamente si può rappresentare con 23 e 28 ogni numero. Vogliamo vedere, a tal proposito, il numero 1000? Niente di più facile. Moltiplichiamo i precedenti fattori per 1000 e otteniamo: $11000 \times 23 - 9000 \times 28 = 1000 \times (11 \times 23 - 9 \times 28) = 1000 \times 1 = 1000$.

Se ci si limita a sommare 23 e 28, senza sottrarli, ne risulta un problema complesso: e i matematici sanno allora che è anche un problema interessante. Perché in tal caso non si ottengono tutti i numeri. E quelli inferiori al 23 men che meno. Lo potete verificare semplicemente continuando a sommare ripetutamente 23 e 28. Sono rappresentabili i seguenti numeri: 23, 28, 51, 74 ($= 2 \times 23 + 28$), 79 ($= 23 + 2 \times 28$), 102 ($= 2 \times 23 + 2 \times 28$) e così via. Si potrebbe ritenere che, dopo tutto, siano pochi numeri. Però man mano aumentano. L'ultimo numero che non si può esprimere come somma di 23 e 28 è il 593. Ma dal 594 in poi funziona sempre!

Freud non sapeva anche un'altra cosa, e cioè che nei numeri 23 e 28 non c'è niente di speciale. Perché fenomeni equivalenti si constatano anche con altre coppie di numeri: 23 e 29, 15 e 26, 3 e 8, 17 e 33 e così via. Occorre solo verificare quale sia il loro massimo comun divisore. Se il massimo comun divisore di due numeri a e b è uguale a 1, allora ogni numero intero può essere rappresentato con a e b. Se il massimo comun divisore è superiore a 1, allora no.

Anche quando si decida di sommare soltanto e di non sottrarre questi numeri, se ne può desumere comunque una precisa informazione. Se due numeri a e b hanno il massimo comun divisore 1, allora si possono rappresentare con loro tutti i numeri a partire dal numero $(a - 1)(b - 1)$, ma non il numero inferiore di 1, ovvero $(a - 1)(b - 1) - 1$.

Un esempio. Con i numeri 3 e 5 si possono rappresentare tutti i numeri a partire da $2 \times 4 = 8$. In effetti $8 = 3 + 5$; $9 = 3 + 3 + 3$; $10 = 5 + 5$; $11 = 3 + 3 + 5$ e così via. Con i numeri 5 e 8 il meccanismo funziona a partire da $4 \times 7 = 28$. Provateci!

Nel caso dei numeri ritenuti «importanti» da Freud, il 23 e il 28, la faccenda funziona a partire da $22 \times 27 = 594$.

Oso tuttavia dubitare che tutto ciò abbia un qualche significato per il bioritmo!

51

Lettere speciali

«A me piacciono le lettere speciali. Le altre mi sembrano insulse». Maria, nostra figlia, è famosa per queste frasi: secche, precise e sottolineate. Il tono in cui le pronuncia non ammette repliche, e di norma nemmeno una richiesta di maggiori spiegazioni. A meno di non voler rischiare un'esplosione di irritazione.

Confesso che non avevo idea di ciò che intendesse. Gli altri erano nella mia stessa situazione. Però l'intera famiglia è rimasta seduta tranquillamente a tavola – eravamo alle prese con il pranzo –, come se non fosse successo niente. Quando mi sono servito ancora una volta di un po' di spaghetti, ho mormorato, ma così piano che Maria, se non lo voleva, avrebbe anche potuto fare a meno di sentire: «Lettere speciali?»

«Qualcosa come la P». Se non altro aveva risposto.

«Intendi dire le lettere dalla pronuncia dura» ho osato chiedere, «come la P, la T e la K?»

«Papà!» ha esclamato, indignata. I presenti hanno abbassato la testa sul piatto. «Se non sai di che cosa parlo, non domandare».

Era un'affermazione illogica, e se ne è accorto anche Christoph, suo fratello: «Come vuoi allora che faccia a saperlo?»

Maria ha fatto un profondo sospiro. Mi sono accorto che stava cercando di dominarsi, e sapevo che quello era un momento in cui non solo non dovevo dire niente, ma anche evitare quasi di guardarla.

«Secondo me le lettere frequenti come la sabbia nel mare sono sceme. Certe altre, come la X, la Y e la Q, in pratica è come se non ci fossero. Però quelle come la P o la V o la J o la K hanno, almeno nel tedesco, qualcosa di speciale. Si pensa che siano del tutto normali, mentre in realtà anche loro sono rare».

Ho cominciato vagamente a capire che cosa intendeva dire.

«Oggi a scuola» ha continuato «abbiamo tracciato un circoletto attorno a queste lettere, in una pagina. Più precisamente abbiamo cerchiato la P con un tratto blu, la V con uno rosso, la J col giallo e la K col verde. Lo strano è che alla fine sono risultate ben poche le lettere contrassegnate».

Mi è parsa una spiegazione soddisfacente. E ho commentato: «Scoprire certe lettere è come trovare un quadrifoglio». Per tutta risposta i miei figli mi hanno dedicato uno sguardo di cui conoscevo benissimo il significato: inguaribile romantico!

Christoph, che non aveva evidentemente ancora capito il senso del discorso, ha chiesto: «E quali sarebbero allora le lettere insulse?»

«Be', quelle che ricorrono di continuo, soprattutto la E e la N».

A quel punto il nostro pranzo si è potuto considerare finito, perché i nostri figli si sono impadroniti ognuno d'una pagina di giornale e hanno cominciato a far circoletti attorno alle E e alle N. Ne ho approfittato per comunicare quel che sapevo a mia moglie: «Nella lingua tedesca la lettera E ha una frequenza del 20 per cento, e la N del 10 per cento. Questo significa» – ho aggiunto guardando i miei figli – «che stanno cerchiando una lettera su tre o quasi».

A un certo punto hanno finito e abbiamo tributato loro la nostra doverosa ammirazione: «Incredibile! L'intera pagina è piena di circoletti!» ha constatato mia moglie. Io ho voluto sfidarli domandando: «Sarebbe possibile cavarsela senza la E?»

«Eeeeh?»

Prima che mia moglie potesse ammonirli a non rispondere solo con versacci, ho proposto: «Ditemi per esempio una parola senza la E».

Hanno risposto quasi all'unisono: «I nostri nomi, Christoph e Maria!»

«E una frase?»

La più pronta è stata Maria: «Maria mangiava un ananas». E Christoph ha completato: «In Amazzonia».

«Ora ti faccio vedere io». Maria si era infervorata: «Maria, in Amazzonia, mangiava talvolta ananas con panna, trascurando la cioccolata ma con l'aggiunta di un po' di succo!»

Mi sono sembrati soddisfatti della loro trovata. E soddisfatta mi è apparsa anche mia moglie, la quale si era intanto alzata, era uscita dalla stanza e stava ora tornando da noi. «Sapevo che avevamo un libro in cui non compare neppure una E».

«Un libro intero?» I ragazzi sono rimasti di stucco. «Però è un libro strano» ha spiegato mia moglie, «dalla vicenda quasi incomprensibile».

«Già il titolo è strano» ha constatato Christoph, e lo ha letto: «Anton Voyl va lontano».

Maria – come avviene spesso a casa nostra – ha voluto avere l'ultima parola: «In ogni caso, sarà un libro fatto tutto di lettere speciali!»

52

Io: il principio di tutti i numeri!

Io sono l'uno. E c'è una cosa che voglio però chiarire subito: non sono solitario. Unico... sì, ma solitario... no. Se soffrissi di solitudine mi lamenterei d'esser solo. E invece non lo faccio.

Io, l'uno, sto da solo e ne sono anche capace. Non ho bisogno di nessuno, basto a me stesso. Ne sono contento. E perfino un po' fiero.

Sono solo. E c'è del buono in ciò! Evito lo stress delle relazioni sociali e apprezzo particolarmente quelle combinazioni che nascono solo per tornare poi subito a dividersi. Chi lava i piatti? Chi porta giù il secchio dell'immondizia? Queste eterne discussioni mi sono risparmiate.

Sono l'unico numero che sa star solo. Tutti gli altri hanno bisogno di me, come necessaria premessa della loro esistenza. Il 2 è 1 + 1, il 3 è 1 + 1 + 1, il 10 è 1 + 1 + 1 + 1 + 1 + 1 + 1 + 1 + 1 + 1, e via di seguito. Su di me si può costruire tutto. Tutti i numeri derivano da me!

Il matematico Leopold Kronecker (1823-1891) una volta disse: «I numeri naturali, dunque 1, 2, 3 e così via, sono stati creati da Dio, tutto il resto è opera dell'uomo». Ma Kronecker si sbagliava: il buon Dio dovette creare soltanto me, e nessun altro numero, perché da me si possono derivare tutti gli altri! Ovunque al mondo ci siano numeri, ci sono anch'io.

Io sono il principio dell'enumerazione. Anche se, lo ammetto, nell'affermare questo esagero un po'. Chi dice solo «uno» non sta ancora contando. Si potrebbe dire che l'enumerazione vera e propria comincia solo col 3. L'1 dice «io», il 2 dice «io e tu» e solo il 3 apre lo sguardo sul resto del mondo. Però non si può contare senza di me; la conta, senza di me, non può cominciare; è con l'1 che tutto ha inizio.

L'unico numero cui riconosco pari dignità accanto a me è lo zero. Anche lui è importante. Perché con 0 e 1 si possono comodamente rappresentare tutti i numeri: lo scoprì, nel 1697, il grande Leibniz.

Però anche Leibniz statuì una differenza: l'1 era per lui l'espressione del divino, e lo 0 invece, vuoto e nullo, del diabolico. Si sentì avvalorato in questo parere dal fatto che il sacro numero 7 abbia nel sistema binario la forma 111, sia cioè composto di tre divini 1, senza il contributo di alcun diabolico 0.

Come passo il tempo libero? So tenermi occupato bene con me stesso. Mi piace riflettere. Su me stesso e sull'intero complesso dei numeri. E per farlo ho bisogno di tranquillità.

Ammetto di essere, per predisposizione, alquanto narcisista. Mi piace contemplare me stesso. Mi trovo straordinario. È del poeta Angelus Silesius* questo meraviglioso aforisma: «Che cosa fanno l'anime beate – ammesso che dir si possa? – Contemplano ininterrottamente l'eterna beltade!» E chi può essere l'eterna bellezza se non io, l'Uno?!

Albagia politica, la mia? Diciamo che il naso lungo

* Pseudonimo (l'«Angelo della Slesia») di Johann Scheffler (1624-1677), medico protestante convertito al cattolicesimo, mistico, autore di inni sacri tuttora in uso. (*N.d.T.*)

ce l'ho e che – misuratamente – sono anche curioso. Per un verso tutto mi riguarda, perché ci sono di mezzo. Per l'altro basto a me stesso e posso permettermi di scuotere solo la testa, con degnazione, degli scherzi infantili dei miei discendenti!

Non è necessario che mi occupi d'ogni sciocchezza. Che litighino e si rompano la testa gli altri. Non possono comunque incrinare la sostanza basilare delle cose e cioè che, nel regno dei numeri, tutto si fonda su di me e nulla funziona senza di me. Ma è così difficile ammetterlo?

53

Dire due vuol dire no

Chiunque può parlare di se stesso. Del resto lo fanno tutti fin troppo: parlare di sé, dei loro problemi e di come sia difficile la loro vita. Non fanno che dire sempre: io, io io! Sanno contare solo fino a uno: uno, uno, uno! Tutti sono capaci di dire uno.

Invece dire «due» è un'altra, nuova dimensione! Chi vuol dire due deve emanciparsi. Sapete che cosa significa? Liberarsi delle catene. Sapersi figurare un tutt'altro. Con l'accento posto sull'«altro». In altre parole: dire due vuol dire no. «No, non esisto solo io, ma anche un altro, diverso da me».

Immaginatevi la sensazione che Adamo dovette provare quando vide Eva la prima volta. Un essere simile a lui, un essere che si combinava con lui. Ma che si combinava con lui anche e soprattutto perché era completamente diverso. Macché costola e costola! Adamo se ne rese conto subito: «Qui la situazione si fa emozionante». Anche Eva lo sapeva. Quell'Eva che era, in primis, la negazione di Adamo.

Io, in quanto due, penso sempre subito anche all'altro. All'uno e al suo contrario.

È abbastanza ovvio che il personaggio della letteratura che preferisco sia Mefistofele: «Io sono lo spirito che costantemente nega». Il filosofo Hegel si sarebbe rallegrato di me. Io sono l'antitesi divenuta numero, la confutazione alla tesi. Io sono l'opposizione in sé. Io comincio sempre col dire no. Ed è l'opposizione a tenere in movimento il mondo.

Che il numero 2 abbia un ruolo centrale nella matematica è evidente. Il numero 2 è il più piccolo numero primo e inoltre l'unico numero primo pari. Fin dall'inizio della matematica il numero 2 ha avuto un ruolo importante. I pitagorici – attorno al 500 a.C. – distinsero come prima cosa i numeri in pari e dispari. E scoprirono già allora certe leggi, come per esempio «dispari più dispari è pari». In questo modo, duemilacinquecento anni fa, i pitagorici posero già le basi per il calcolo con i bit.

Il numero due costituisce l'inizio del plurale, ma non d'un plurale qualunque, bensì della dualità in quanto specie del tutto particolare del plurale. Non qualcosa di generico: come uomini, persone, elettori, politici. Tutti questi concetti sono oggi a ragione sussunti in quello di «capitale umano». Il che significa: non è l'individuo che conta, ma solo il valore complessivo. Uno vale l'altro, tutti sono fungibili, scambiabili, sostituibili. Ognuno è soltanto un numero. Non ci si accorge nemmeno se uno manca, se lo si sostituisce o meno con un altro.

E invece il mio plurale, il plurale della dualità!... È un qualcosa di molto speciale. Una condizione in cui due si combinano come culo e camicia, se mi permettete l'espressione. Fate la prova: Adamo ed...., Asterix e..., tuoni e..., Bonnie e..., Stanlio e...., corsi e..., il gatto e il..., cielo e..., Tizio e..., sì o..., testa o..., luci e..., uomo e..., Cip e...

Come vedete, una dualità non è fatta di due metà uguali. Al contrario: gli opposti si attirano, alcuni sono sempre in tensione fra di loro, altri non si uniscono mai. Alcuni sono una mistura esplosiva. Ma in ogni caso è chiaro: entrambi, insieme, sono qualcosa di più della somma dei singoli. Molto di più. Certe cose non possono neppure esistere senza l'altra metà.

Lo diceva già Mefistofele: io sono « una parte di quella forza che vuole sempre il male e crea sempre il bene ». Vale esattamente lo stesso anche per me, il due.

54

Parla il tre

Io sono il primo vero numero. Lo riconoscono anche quei due che mi precedono. Verificate voi stessi, del resto. L'uno, che non fa che pensare solo a se stesso e pretende di unificare tutto in sé! Il bisbetico due, che non sa nemmeno lui che cosa vuole ed è tutto preso dal fare di sé una mistura esplosiva!

Io, invece, sono equilibrato, ma non noioso. Un fascio di energie composto di parti diverse, ma non esplosivo. Un plurale vero, ma non troppo grande. In breve, sono il primo numero normale. In mia compagnia è un bel farsi vedere.

Il filosofo Hegel aveva ragione quando basò l'evoluzione del mondo e del pensiero sulla terna tesi-antitesi-sintesi. Senza la sintesi, senza la conclusione unificante, le prime due parti sarebbero incomplete e inefficaci.

Chi sa contare fino a tre sa contare per davvero. Chi sa solo dire uno e due è ancora fermo a se stesso o al suo antagonista. Chi invece dice tre, guarda oltre la cerchia più ristretta, scorge il mondo, sa come si va avanti e fiuta già un po' d'infinito.

Non mi attardo nemmeno a sottolineare che sono un numero primo: anzi, il primo numero primo dispari, e l'unico che segua immediatamente a un altro numero primo.

Inoltre, ovunque si giri l'occhio, si coglie qualche effetto della trinità, che è sempre convincente. Sì, avete capito bene: io sono il numero più convincente!

È una cosa che emerge già molto presto nella storia dell'umanità. Fin dall'età della pietra. Günter Grass racconta nel suo romanzo *Il rombo* della madre primigenia Aua che – udite, udite! – aveva tre mammelle. Grass descrive quell'epoca come decisamente felice e pacifica.

La questione della trinità diventa più complessa nel cristianesimo. La trinità sembra lì per lì solo una specie di espediente: nel senso che tre entità risultano più convincenti di una o due soltanto. Sotto il profilo teologico la faccenda si fa però alquanto più intricata perché tutte e tre le componenti, e cioè Padre, Figlio e Spirito Santo, sono indubbiamente divine, però Dio ha da essere uno solo. Dunque tre in uno o uno in tre. Comunque sia, la complessità rimane.

Il valore della trinità diventa scoperto nel linguaggio. Già Mefistofele intimava a Faust: «Ripetilo tre volte!» Figuratevi ora che un uomo sia lodato con le parole: «È uno che sa e può molto». È già qualcosa, indubbiamente. Però l'affermazione risulta assai più persuasiva se si dice: «Sa, può e fa molto!» Nella formula non c'è solo un incremento d'informazione, ma la forza convincente della trinità.

Un capitolo a parte sono le sigle. Al giorno d'oggi sono molto spesso di tre sillabe: UEO, USA, RAI, PCI, VHS, AEG, CAI, PSI, BBC, TFR e così via.

Non so se vi piacciono le canzonette. Poco importa, del resto. In ogni caso, da decenni ormai, io ne apprezzo particolarmente una che dice: «Tre! Son le cose che piacciono a me! Son Tre!...» Il tre esercita un fascino tale che moltissime parole cominciano con tre, anche senza nessunissima ragione matematica, per il solo gusto del suono: dal treno al trespolo, dalle trenette al tremito, dalla treccia fino a quella trebisonda che non bisogna mai perdere.

A cominciare dall'età della pietra e fino alle canzonette, gli esempi lo dimostrano: se volete far impressione su qualcuno, servitevi del tre, utilizzate me! Io sono il numero più convincente!

55

Niente di speciale... o no?

Io sono normale, e mi va bene così. Sto parlando di me, il quattro, il primo numero normale. Collocato fra il sacro tre e il mistico cinque. I numeri che vengono prima di me sono tutti un po' tronfi, per così dire numeri presuntuosi. Fra gli infiniti numeri dopo di me ce ne sono altri di speciali, è vero, però la maggior parte sono – come me – perfettamente normali.

Perché sono normale? Vi rispondo con una domanda: che pizza ordinate se non volete perder tempo a scegliere, se non desiderate altro che una «pizza normale»? Ma la «quattro stagioni», è ovvio!...

Va detto comunque che fra i numeri normali io sono il primo. Il che, a ben guardare, è già un fatto speciale. Inoltre sono qualcosa di assolutamente solido. I quattro punti cardinali assicurano l'orientamento. E nell'antichità si era convinti che tutto fosse costituito da quattro elementi: fuoco, acqua, aria e terra.

Ovviamente ho anche delle buone qualità matematiche: mi si può esprimere come 2 più 2, 2 per 2 e 2 elevato alla seconda. È un trucchetto da poco, ma sempre meglio che niente.

Io sono il primo numero composto: 1 non è composto, 2 e 3 sono numeri primi. In particolare, io non sono un numero primo. Io sono invece il primo, autentico numero quadrato, dunque l'inizio di una serie infinita 4, 9, 16, 25... I matematici annoverano anche l'1 fra i numeri quadrati, ma lo fanno solo loro.

La mia vera importanza si rivela nella geometria. Il quadrato è il mio fratello geometrico. Un quadrato ha quattro angoli e quattro lati, ed è dunque un quadrilatero. Però il quadrato è il quadrilatero più speciale, più regolare, più importante e – secondo me – più bello. Infatti ha quattro angoli retti e quattro lati d'uguale lunghezza.

Un quadrato ha anche quattro assi di simmetria: i due che passano per il centro dei lati opposti e le due diagonali. Nessun altro quadrilatero ha tanti assi di simmetria.

Il quadrato sembra banale, e invece è avvincente. In un quadrato di lunghezza di lato 1 la diagonale ha la lunghezza pari alla radice di 2, ed è dunque 1,41 circa. Ma solo circa. Perché la radice di 2 è un numero irrazionale. Ovvero un numero che prosegue all'infinito e nel quale non si presenta mai un andamento periodico.

Oltre al già menzionato fratello geometrico, il quadrato, ne ho anche un altro, sempre geometrico: il tetraedro. In me, dunque, ci deve essere davvero qualcosa di speciale, perché con me comincia la terza dimensione. Non è detto che quattro punti debbano essere sempre sullo stesso piano: possono anche disporsi diversamente nello spazio. Allora divengono i vertici di una piramide trilatera. I matematici chiamano spesso questo corpo «tetraedro». È una parola che deriva dal greco antico e significa che ha quattro facce.

Inutile rilevare che in molti principi matematici compare il numero 4. Ne menziono solo il più importante, quello della quadricromia. Il quale dice: stiamo osservando una carta geografica qualsiasi e vogliamo dare a ogni paese un colore, e precisamente fare in modo che due paesi confinanti siano di colore diverso. Secondo il principio della quadricromia, possiamo cavarcela con quattro colori soltanto. Il che è facile a dirsi, mentre è difficile da dimostrare. Costituisce una sfida matematica e occorre far lavorare a lungo i computer per arrivarci. I matematici si sono dannati per cent'anni prima di arrivare alla dimostrazione, che è stata definitivamente trovata solo nel 1976.

Tutto questo potrebbe far pensare che io, il quattro, sia qualcosa di assolutamente straordinario. E invece no. Di tutti i numeri si possono raccontare storie. Anche di me. E mi sento molto a mio agio come primo numero normale.

56

La questione della U

«Ho scoperto una cosa!» Sono le parole con cui, calcolatrice tascabile in mano, mi si è presentato mio figlio Christoph. Sono stato tentato dall'idea di levarmelo di torno, perché ero convinto che volesse mostrarmi ancora una volta chissà che astrusa operazione culminata nel suo avvertimento preferito: ERROR. Ha intuito la mia insofferenza e si è affrettato a dire: «Ma no, no, che vai pensando?»

«Che cosa vuoi, allora?» ho chiesto.

«Guarda. Batto questi numeri, divido per undici e mi dà un risultato pieno».

Christoph parlava per enigmi. Non capivo niente: «Quali numeri batti?»

«Non hai visto?»

«No».

«Semplice: batto una U».

«Una U?»

«Ma sì, sulla tastiera: batti sopra, poi scendi di uno, poi vai di uno a destra e infine risali di uno... Tracci una U, insomma. E poi dividi per undici».

A quel punto ho capito. «Dunque batti per esempio 4125...» – e ho eseguito anch'io l'operazione – «... poi dividi per 11 e hai... 375».

«Che ti dicevo? Ogni U è divisibile per 11» ha affermato con grande sicurezza. Poi però ha continuato a domandare: « Come mai è così? Tu devi saperlo! »

Proprio il genere di domande per cui vado pazzo... Ho cercato di guadagnar tempo: « Lo sai da che cosa si può capire se un numero è divisibile per 11? »

« Ovvio, basta che io batta... »

« No » l'ho interrotto. « C'è un trucco con cui riesci a stabilirlo senza calcolare ».

« E come? »

« Occorre dare alle singole cifre, alternativamente, i segni più e meno, e poi sommarle ». Ho colto l'espressione perplessa del ragazzo e ho capito che aveva bisogno di una spiegazione concreta: « Prendi per esempio il 5374. Cominci con il segno più, poi ci metti il meno, quindi di nuovo il più e così via. Calcoli dunque 5 – 3 + 7 – 4, e il risultato è 5. Se però il risultato è 11 oppure un multiplo di 11, come 22, 33 o 88, allora... » Mi sono fermato per creare un po' di suspense, ma Christoph ha completato subito la frase: « ... allora anche l'intero numero è divisibile per 11 ».

« Esattamente » ho confermato, e gli ho dato anche dell'altro da pensare: « C'è però un importante caso particolare. A volte il risultato è zero. Che cosa succede allora? » Christoph mi ha guardato con aria incerta. E allora l'ho aiutato: « Zero, secondo te, è divisibile per undici? Fai conto, per esempio, che tu non abbia nessuna caramella per undici bambini ».

« Okay, capisco. La divisibilità c'è nel senso che ognuno riceve lo stesso, e cioè niente. È una fregatura però... i numeri che danno zero come risultato sono divisibili per undici! »

« Appunto. Provaci con il tuo numero a forma di U! » l'ho sollecitato.

«4 – 1 + 2 – 5 dà zero! » Christoph è rimasto zitto

per un momento. Poi ha dichiarato: «E tu sostieni che nei casi di numeri a U il risultato è sempre zero.»

«Sì» ho confermato. «Prendiamo quattro cifre della calcolatrice che formino una U. Si può anche dire che formino gli angoli di un quadrato. Le cifre che si fronteggiano trasversalmente – dunque quella in alto a sinistra e quella in basso a destra – danno, sommate, lo stesso risultato di quella in basso a sinistra più quella in alto a destra».

«Ciò significa che, nel calcolo che hai chiamato un trucco, quello con i più e con i meno, deve sempre venire fuori zero» ha preso atto Christoph.

«Non è difficile da capire: immagina il numero in basso a sinistra della U. Chiamiamolo a. Il numero subito alla sua destra è allora a + 1. Di quanto è maggiore il numero sopra a?»

Christoph ha guardato la tastiera: «Di tre».

«Dunque. Cominciamo in basso a sinistra. Verso l'alto abbiamo più 3, verso destra più 1. Insieme abbiamo a + a + 4. Il numero in alto a sinistra è a + 3, quello in basso a destra a + 1, e la somma dà anche in questo caso a + a + 4».

Christoph si è dichiarato entusiasta. «Ecco perché a fare il calcolo col trucco viene fuori sempre zero, e il numero U è divisibile per undici!»

57

Moltiplicazione magica

«Oggi ho imparato un folle trucco di matematica!» Mio figlio Christoph è entrato fragorosamente dalla porta pronunciando questa frase, ha scaraventato lo zaino in un angolo ed è piombato a sedere al tavolo della cucina.

Mi sono seduto accanto a lui: «Te l'avevo detto che il vostro insegnante di matematica non è affatto male!»

«Macché insegnante di matematica! È stato quello di latino».

«S'intende di matematica?»

«Non lo so. Però... guarda!» Christoph ha sollevato lo zaino, ne ha estratto un quaderno e lo ha aperto per leggere: «Quanto fa 93 per 89?»

«E secondo il vostro insegnante di latino sarebbe una cosa interessante?» ho chiesto un po' seccato.

«Forse non gliene frega niente, però sa calcolarlo».

«Anch'io». E ho tirato fuori la piccola calcolatrice da tasca.

«Così son capaci tutti» mi ha fermato Christoph. «Il professor Maurer invece lo fa così: 93 più 7 fa 100, il numero 7 è sottratto da 89, e il risultato è 82». E ha scritto quest'ultimo numero.

«Ora la seconda parte. 89 più 11 dà 100. Si moltiplica l'11 col 7 di prima e si ha 77». Christoph ha scarabocchiato il 77 in coda all'82.

«E allora?» ho domandato, sconcertato.

«E allora?» mi ha fatto il verso. «E allora niente. 93 per 89 fa appunto 8277. Verifica se non ci credi».

Sono rimasto proprio senza parole. Ho dovuto chiarirmi passo dopo passo le fasi del trucco. «Calcoli il complemento a 100 del primo numero, lo sottrai dal secondo numero e annoti il risultato. Poi calcoli il complemento a 100 del secondo numero, moltiplichi i due complementi e scrivi il risultato in coda a quello precedente. E secondo te funziona?» ho chiesto, scettico.

«Ma certo!» Christoph era decisamente su di giri. «Prendi per esempio 97 per 87. Per arrivare al 100 da 97 ne mancano 3: 87 meno 3 è 84. Ed ecco che hai già la prima metà. Ora calcoli il complemento a 100 di 87. Fa 13. Moltiplichi il 13 per 3 e hai 39. Il risultato della moltiplicazione è perciò 8439».

Mi son sentito punto nell'orgoglio: «Il professor Maurer vi ha anche spiegato perché le cose vanno così?»

«Che significa: perché? Vedi pure che funziona e tanto basta!»

«Il mio perché si riferisce allo schema. Occorre vedere se vi sia uno schema il quale dimostri che questo trucco funziona con tutti i numeri».

«Intendi dire qualcosa a base di a e di b?»

«Appunto. Chiamiamo i due numeri da moltiplicare a e b. Innanzi tutto dobbiamo calcolarne i complementi a 100. E, per semplificare, ricorriamo ad altre lettere, per esempio a x e y». Qui mi sono fermato.

«Be'» ha detto Christoph dopo un momento di riflessione, «il complemento a 100 di a è x, e quindi abbiamo $a + x = 100$. Allo stesso modo y è il complemento a 100 di b, e quindi abbiamo $b + y = 100$».

«Molto bene» l'ho lodato. «Dunque possiamo scrivere anche a = 100 – x e b = 100 – y. E invece di a per b possiamo moltiplicare anche (100 – x) per (100 – y)». Christoph ha corrugato la fronte e quindi mi sono affrettato a spiegare: «Il segreto del trucco sono i complementi x e y». E per aiutarlo gli ho chiesto: «Proviamo con la prima metà?»

«Il primo complemento è sottratto dal secondo numero e va a costituire la prima parte del risultato e quindi lo scriviamo davanti. Abbiamo cioè b – x. Oppure, se non vuoi usare il b, 100 – y – x». Lo ha annotato e ha proseguito: «Il secondo numero è il prodotto dei complementi, dunque xy». E lo ha scritto dopo la prima espressione.

«Mmm...» ho borbottato, «ora dobbiamo però verificare che cosa significa matematicamente il tuo 'scrivere davanti'».

Christoph mi ha guardato meravigliato e io gli ho spiegato: «Se in un numero normale una cifra, per esempio un 5, è al penultimo posto, non vale 5 ma 50. Occorre cioè moltiplicarla per 10. Mentre se dopo ci sono altre due cifre...»

«... allora è la cifra delle centinaia e occorre moltiplicarla per 100» mi ha interrotto Christoph.

«Dunque occorre moltiplicare (100 – y – x) per 100, e il risultato è (100 – y – x) × 100 + xy, perché occorre aggiungerci anche l'xy. E se si fa il relativo calcolo si ottiene esattamente il prodotto».

Commento di Christoph: «Proprio un gran trucco, quello del prof di latino, eh?»

58

Nessuna possibilità per i manolesta

Tempo fa siamo stati insieme al museo. O, per essere più precisi, le cose sono andate così: mia moglie voleva andarci, io l'ho seguita e Christoph e Maria sono dovuti venire. Ben presto i ragazzi hanno cominciato ad annoiarsi. Anziché guardare i dipinti, si sono messi a ispezionare l'impianto d'allarme e a osservare i sorveglianti. La secca conclusione di Christoph è stata: «Se uno decidesse di rubare un quadro, quelli reagirebbero troppo tardi!» Maria gli ha dato ragione: «Ovvio. Basta guardarli. Non se ne accorgerebbero nemmeno».

Sono intervenuto nella discussione: «Supponiamo per un momento che ci siano sorveglianti che si accorgono di tutto ciò che accade nel loro campo visivo».

«Vuoi dire dei robot?» ha domandato Christoph. «O telecamere di sorveglianza?» è intervenuta Maria.

«Ma sì, immaginiamoci pure un robot costruito per fare il guardiano. E precisamente uno che possa vedere in ogni direzione. Quanti robot ci vorrebbero per tenere tutto sotto controllo?»

Le espressioni dei miei figli erano eloquenti. Dicevano: tipica domanda di papà; una domanda che mira a qualcosa; una di quelle domande con cui vorrebbe dimostrare ancora una volta quanto è straordinariamente furbo.

Infine Christoph mi ha comunque risposto: «Ne basterebbe uno. Lo si piazza nel mezzo e vede tutto». Diversa l'opinione di Maria: «Si potrebbe anche collocarlo ai margini. Vedrebbe ugualmente tutto. Oppure, meglio ancora: se lo si piazza sotto una porta potrebbe sorvegliare contemporaneamente due locali!»

«Benissimo» li ho lodati. «E ora figuratevi un museo tutto pazzo. Uno nel quale gli ambienti non siano rettangolari, ma triangolari, pentagonali, con angoli acuti e quant'altro di strampalato si possa pensare. Quanti sorveglianti vi ci vorrebbero?»

«Molti» è stata la risposta di Christoph.

Ma io non gli ho dato tregua: «Si potrebbe per esempio immaginare che un architetto costruisca un corridoio lungo e stretto, con una serie di piccole nicchie triangolari lungo uno dei suoi lati».

Maria ha tirato fuori un pezzo di carta e ha disegnato con cura il progetto. Dopo di che la risposta non è stata difficile: «Hai bisogno d'un robot per ogni nicchia e, se li collochi un po' rivolti verso il corridoio, possono sorvegliare anche quello».

«I matematici hanno scoperto un trucco per calcolare quanti robot ci vogliono per la sorveglianza... e per pazzo che sia il museo nel quale impiegarli» ho spiegato. «Immaginate dunque di tendere delle funi in quest'ipotetico museo, e più precisamente da angolo ad angolo, così da formare ovunque spazi triangolari. Ovviamente» ho fatto notare, «in un museo non potremmo piantare chiodi nei muri, e quindi collocheremmo in ogni angolo un montante per tendere poi le funi da uno all'altro».

«Dove sta il trucco?» ha chiesto Christoph, impaziente.

«Sta' attento! Ci sono montanti rossi, azzurri e gialli» ho continuato.

Maria avrebbe voluto colorare subito la sua piantina, ma per il momento l'ho dissuasa: «I montanti sono distribuiti in modo tale che ogni triangolo che abbiamo tracciato con le funi abbia in un angolo un montante rosso, nel secondo uno azzurro e nel terzo uno giallo».

A questo punto Maria ha potuto mettersi al lavoro. «Funziona davvero!» ha esclamato.

«Il resto è semplicissimo: si piazza un robot presso ogni montante rosso. Così i robot, insieme, possono sorvegliare tutto».

«Non potremmo piazzare un robot anche vicino a ogni montante azzurro?» ha domandato Christoph.

«Ma certo, oppure vicino a quelli gialli» ha aggiunto Maria.

Sono tornato allo spunto iniziale della discussione: «Ora possiamo anche dire di quanti robot, come minimo, abbiamo bisogno».

«Logico» è stato il commento di Maria. «Un terzo dei montanti sono rossi. Quindi abbiamo bisogno di un robot solo per un terzo degli angoli».

La fine della discussione è stata sancita da mia moglie: «Adesso però andiamo nella caffetteria».

59

Indovinare numeri

Era un pomeriggio domenicale decisamente inverosimile, nel senso che, contrariamente al solito, era riunita l'intera famiglia. C'eravamo tutti: io, Christoph, Maria e mia moglie. Giocavamo a carte: più precisamente a scassaquindici. Un gioco che non richiede particolare intelligenza o astuzia tattica. E, stranamente, non ci stavamo accapigliando. Nessuno stava ricorrendo a trucchi proibiti o se ne veniva improvvisamente fuori con regole inventate sul momento, nessuno si arrabbiava. Riuscivo a perdere con distacco perfino io.

A un certo punto, durante una pausa, ho annunciato: «Avrei un altro trucco coi numeri per voi!»

Generale aggrottar di fronti, ma il clima era così pacifico che mi hanno lasciato dire.

«Scegliete un numero di cinque cifre!»

Christoph è andato a prendere un foglio di carta e una matita, mentre Maria ha dichiarato: «Io lo compongo con le carte». Ha estratto dal mazzo verde cinque carte e le ha disposte sul tavolo. Erano i numeri 7 5 3 1 2.

Ho continuato: «Ora scrivete le stesse cifre un'altra volta, ma in un ordine diverso».

«Quando dici cifre significa che devo usare le stesse carte?» ha domandato Maria.

«I numeri sulle tue carte sono le cifre, però avrai

ancora bisogno del tuo primo numero, e quindi schiera le nuove cifre con altre carte».

Ha preso il mazzo azzurro, ne ha tolto le carte con le stesse cifre e le ha disposte in questa successione: 3 2 5 1 7.

«Ora sottraete il numero più piccolo da quello più grande».

Christoph si è messo subito a scrivere. Invece Maria, entusiasta all'idea di fare i conti con le carte, ha annunciato: «Scriverò il risultato con le carte rosse». Ha fatto mentalmente il calcolo e poi ha disposto le carte rosse.

Mi ero deliberatamente girato da un'altra parte prima di dirle: «Ora rovescia una delle carte rosse, così che io non la possa vedere, e poi dimmi i valori delle altre».

E lei: «4 2 9 5».

Al che ho potuto rispondere subito: «La carta voltata ha il numero 7».

Christoph è intervenuto con un'obiezione fondata: «Ne sono capace anch'io! Hai visto le carte verdi e azzurre, e quindi ti è stato facile fare la sottrazione». La sua fiducia nelle mia capacità di calcolo era davvero lusinghiera. Mi ha sfidato: «Ora ti dico quattro cifre del mio risultato». Aveva fatto i suoi conti in silenzio, sul foglio. La sua dichiarazione è stata: «1 2 3 4». Sembrava compiaciuto.

Io ho sorriso e dichiarato: «La quinta cifra è un 8». E stavolta, finalmente, ha fatto tanto d'occhi nel constatare che avevo visto giusto.

Ovviamente ho dovuto spiegare loro il trucco: «Sommate semplicemente le quattro cifre e calcolate la cifra che manca per arrivare al multiplo di nove successivo. Ed è quella la cifra mancante».

Christoph ha voluto verificare: «La somma delle

mie cifre è 1 + 2 + 3 + 4 = 10. Il successivo multiplo di nove è 18. Il numero da aggiungere è dunque l'8... Ma funziona davvero! »

Nel frattempo si era incuriosita anche mia moglie: « Spiegamelo! »

« Dipende dal fatto che la differenza fra due numeri che consistano delle stesse cifre, e poco importa la successione in cui sono disposte, è sempre un multiplo di nove. Per questo il risultato è un multiplo di nove ».

« Il segreto sta nella somma delle cifre che compongono un numero! » è stato il commento di Christoph.

« Esattamente. E in un multiplo di nove anche la somma delle cifre che lo compongono è un multiplo di nove. E quindi le cinque cifre, sommate insieme, devono dare un multiplo di nove ».

« Funziona sempre? » ha voluto sapere Maria.

« C'è un solo problema, e cioè quando la cifra scelta è uno zero. In tal caso non si sa se sia 0 o 9 il numero da indovinare ».

« E come si fa, allora? »

« Io direi che la soluzione più semplice sia vietarlo. Basta dire: tracciate un circoletto attorno a una cifra, ma che non sia uno 0 perché quello è già un circoletto! »

« Bene, però adesso facciamo un altro giro con le carte » ha deciso mia moglie: e nessuno l'ha contraddetta.

60

Quadrato, pratico, complicato!

Ci sono persone sulle quali il quadrato esercita un fascino irresistibile, specialmente se è a sua volta suddiviso in caselle: come nelle parole crociate, nel Tic-Tac-Toe o in un Sudoku. Quando questi fanatici del quadrato vedono le caselline vuote, pigliano subito una matita, ci inseriscono febbrilmente lettere o numeri, e tornano a tirare il fiato solo quando hanno riempito tutti gli spazi.

Anche taluni matematici non sanno resistere alla magia dei quadrati. Specialmente i cosiddetti «quadrati magici» esercitano una grande attrazione. Ci sono quadrati magici di varie dimensioni. I più piccoli sono fatti solo di tre righe orizzontali e di tre colonne verticali: hanno dunque nove caselline. Il compito consiste allora nell'inserire nelle caselle i numeri 1, 2, 3... 9 in modo che la somma d'ogni riga e d'ogni colonna dia sempre lo stesso risultato.

Leggenda vuole che oltre quattromila anni fa un quadrato magico di tal genere fosse impresso sul dorso d'una tartaruga cinese. Nella fila superiore di questo «Lo Shu» c'erano, in successione, i numeri 4, 9, 2; nella riga centrale i numeri 3, 5, 7; e sotto la serie 8, 1, 6. Ogni riga e ogni colonna danno in effetti, come somma, 15.

Il pittore Albrecht Dürer inserì nella sua xilografia

intitolata *Malinconia* un quadrato magico di quattro file e quattro colonne, fatto dunque complessivamente di 16 caselle. Il quadrato è composto in modo talmente raffinato da avere al centro della riga inferiore i numeri 15 e 14 che, insieme, danno l'anno – 1514 – in cui la xilografia fu incisa.

Anche il matematico svizzero Eulero (1707-1783) si accendeva d'entusiasmo davanti ai quadrati. Studiò in particolare i cosiddetti «quadrati latini». Il loro nome deriva dal fatto che, in passato, le caselle non venivano riempite di numeri ma di lettere latine. Un quadrato latino può consistere, per esempio, di quattro righe e quattro colonne. In ognuna delle 16 caselle bisogna inserire, ciascuno quattro volte, i numeri 1, 2, 3, 4, ma così che in ogni riga e in ogni colonna i vari numeri compaiano una sola volta. Il che è già di per sé parecchio difficile; per esempio si potrebbero inserire nella prima riga i numeri 1, 2, 3, 4, poi nella seconda 2, 3, 4, 1, nella terza 3, 4, 1, 2 e infine nella quarta riga 4, 1, 2, 3.

Eulero concentrò la sua attenzione però sulle coppie di quadrati latini, i cosiddetti «quadrati greco-latini». Ci si dedicò quando un militare gli pose questo problema: ci sono 6 reggimenti con 36 ufficiali di 6 diversi gradi di servizio distribuiti equamente nei vari reggimenti. Domanda: si possono collocare questi 36 ufficiali in un quadrato di sei per sei caselle in modo che in ogni riga e in ogni colonna compaia una sola volta ogni reggimento e ogni grado d'ufficiale?

Eulero non si pose ovviamente il problema solo per il caso di sei reggimenti e di sei gradi d'ufficiale, ma più in generale per n reggimenti e n gradi di servizio. Riuscì a venire a capo della maggior parte dei casi, ma fallì proprio nel caso n = 6. Questo problema fu definitivamente risolto solo nel XX secolo. Ed è una soluzione che, in questo caso, dice: non è possibile!

L'idea del Sudoku si basa su semplici quadrati latini. Disegnare un quadrato latino di nove righe e nove colonne è semplice. La faccenda si fa difficile quando vi vengono tracciate all'interno anche quattro linee, così da ottenere nove quadrati di tre per tre caselle ciascuno, i cosiddetti blocchi. Occorre inserire i numeri da 1 a 9 in modo tale che in ogni riga e in ogni colonna – e in ogni blocco – ognuno dei numeri da 1 a 9 compaia una sola volta.

Il Sudoku diventa davvero insidioso quando vi sono già inseriti alcuni numeri. Così il quadrato sembra facile da riempire in modo giusto, e invece è ancora estremamente complicato. Provateci anche voi!

61

Potrà mai un computer sapere tutto?

Alla domanda del titolo fu risposto ben prima che esistessero i computer con un inequivocabile no. Nessun computer potrà mai sapere tutto.

E dire che l'ottimismo dei costruttori di computer non conosce limiti. La cosiddetta «legge di Moore» – confermata empiricamente da più di trent'anni – dice che la prestazione dei computer raddoppia ogni diciotto mesi. I ricercatori sognano computer a base di quanti, neurocomputer e computer a base di DNA. Chi se la sente di esprimersi a priori negativamente su tutte queste evoluzioni e di porre dei limiti ai computer?

I matematici possono farlo: ricorrendo a principi che sono in grado di dimostrare.

Nel 1931, dodici anni prima che Konrad Zuse inventasse il computer, il giovane matematico austriaco Kurt Gödel dimostrò che un computer non potrà mai sapere tutto. Gödel non parlò di computer – e come avrebbe potuto, del resto? – ma di «proposizioni formalmente indecidibili». Con quel suo lavoro Gödel si catapultò di colpo nella schiera dei più importanti logici di tutti i tempi.

Lì per lì il principio enunciato da Gödel provocò il crollo dell'intero programma scientifico di uno dei maggiori matematici di allora, David Hilbert (1862-1943). Uno dei grandi obiettivi della matematica era sempre stato quello di sviluppare «teorie totali»: per esempio, una teoria dei numeri o una teoria della geometria. Si riteneva che ogni proposizione formulabile in una teoria potesse essere dimostrata o confutata con i mezzi di quella stessa teoria. Alla fin fine – questa era la convinzione – si trattava solo di scegliere adeguati assiomi perché ogni asserzione potesse essere o rigorosamente dimostrata oppure confutata con un controesempio.

Il che fu ritenuto valido fino a quando, nel 1931, Kurt Gödel pubblicò il suo testo: *Sulle proposizioni formalmente indecidibili dei* Principia mathematica *e dei sistemi affini*, che distrusse da un giorno all'altro il sogno delle teorie totali.

Gödel dimostrò infatti che si possono formulare, in ogni teoria, proposizioni che non possono essere né dimostrate né confutate all'interno della teoria stessa («con i mezzi di bordo») e che pure sono vere.

Il che vuol dire che, in linea generale, «vero» e «dimostrabile» non significano la stessa cosa: ci sono proposizioni vere che non sono dimostrabili. Le proposizioni vere d'una teoria possono essere eventualmente dimostrate nel quadro di una teoria più ampia, però anche in questa teoria ci sono proposizioni che non possono a loro volta essere dimostrate né confutate... e così via.

Il principio di Gödel produsse uno shock. Perché affermò che l'obiettivo naturale di una teoria – poter cioè dimostrare quali proposizioni sono valide e quali no – non è mai raggiungibile. Il che non dipende dall'insufficienza della mente umana, ma dalla natura delle cose.

Si può tuttavia interpretare anche diversamente il principio di Gödel. Immaginiamo un gigantesco supercomputer. Un computer in cui sia inserito tutto il sapere dell'umanità. Questo computer conoscerebbe ovviamente i numeri, la geometria, nonché tutti i fatti matematici e i metodi di dimostrazione. E non basta: sarebbe un computer capace di continuare costantemente a imparare dell'altro e, sulla base del sapere esistente e dei metodi che conosce, di aprire la strada verso altro sapere. Potrebbe poi utilizzare anche questo nuovo sapere per conseguire altre cognizioni, e così via... all'infinito.

Una concezione da film dell'orrore? No. Perché una cosa è certa: anche un simile computer non saprebbe mai tutto. Perché il principio di Gödel afferma che ci sono proposizioni che questo computer potrebbe sì formulare, ma non dimostrare né confutare.

62

Quando la curva sinusoidale fa il giro del salame

A causa del lavoro che svolgo nelle università, ho dovuto traslocare due volte assieme alla mia famiglia. I ragazzi hanno energicamente protestato in entrambe le occasioni, ma poiché non potevano opporsi, hanno sfogato il loro malumore assumendo comportamenti scorbutici tali che per certi periodi è stato quasi impossibile rivolgere loro la parola.

Una sera ero ancora seduto a tavola assieme a mio figlio. Avevamo mangiato ed eravamo rimasti lì senza nessuna particolare ragione. Quand'ecco Christoph sospirare: «L'unica cosa buona di questa città...» pausa «è il salame che fanno da queste parti».

Questa non me la sarei mai aspettata, però mi sono consolato dicendomi che almeno una cosa buona l'aveva trovata. Ho osservato l'oggetto del suo compiacimento: un normalissimo salame, non a fette, ma un pezzo intero.

Ho tentato di avviare una conversazione: «Spesso i macellai, quando lo vendono, tagliano il salame di traverso. Come mai?»

Christoph ha annuito per mostrarmi di aver capito: «Perché così pensiamo che le fettine siano più grandi, mentre rimangono ugualmente piccole!»

«Che aspetto hanno le fette oblique?»

«Potresti anche tagliarmene una!»

Cosa non si fa pur di conservare il buonumore di un figlio!... Ne ho tagliata una fetta e l'ho appoggiata sul piatto di Christoph. Assieme a una domanda, ovviamente: «Che forma è questa?»

«Un cerchio non è, però è ugualmente tondeggiante. Come un uovo».

«Un uovo è più tondo da una parte e più aguzzo dall'altra. È così anche qui?»

«Facciamo un'altra prova» ha proposto Christoph, che nel frattempo aveva già fatto sparire la fettina.

Ho preso il coltello e ho tagliato di nuovo, con cura, una fetta sottile, appoggiandola poi sul piatto di Christoph.

L'ha guardata e il suo apodittico verdetto è stato: «Uguale!»

«'Uguale' che cosa?»

«A destra e a sinistra, e sopra e sotto» ha risposto.

Ho confermato: «Ha sia a destra che a sinistra, e anche sopra e sotto la stessa curvatura. La fettina è simmetrica. E i matematici definiscono ellisse questa forma».

Ho tagliato la fettina di salame a metà e ho rovesciato la metà destra sulla sinistra, così da farle esattamente coincidere.

«Di ellisse ci siamo occupati a scuola. Ha a che fare con il sistema solare» ha spiegato Christoph con la bocca piena, perché l'ellisse del salame era già stata inoltrata verso la sua naturale destinazione.

«La Terra si muove attorno al sole lungo un tracciato ellittico» gli ho rammentato.

«Anche gli altri pianeti» ha aggiunto masticando. Evidentemente ne sapeva più di quanto fosse disposto ad ammettere.

Però anch'io avevo qualcosa da aggiungere: «Immagina di far rotolare il salame con quel taglio obliquo su un foglio di carta, marcando man mano il punto dell'ellisse che in quel momento poggia sulla carta».

«Per favore no» ha protestato impadronendosi del salame: «Preferisco mangiarlo».

«Ma se ti ho detto di immaginarlo soltanto!» l'ho tranquillizzato.

Christoph ci ha pensato: «Verrebbero un sacco di punti. Unendo i quali si avrebbe una linea».

«E che specie di linea?» Lo ammetto, è stata una domanda difficile.

Christoph non ci ha pensato troppo, ha impugnato un coltello e, prima che io potessi intervenire, ha inciso la pelle del salame nel punto inferiore e ha cominciato a tirarla via... con tanta cura che alla fine si è trovato in mano, in un sol pezzo, l'intera pelle del salame. Ha spiegato la pelle davanti a sé nel piatto, l'ha lisciata, mi ha gratificato con un sorriso trionfante e, con un ampio gesto della mano, ha detto: «Oscillante».

«Molto bene!» l'ho lodato. «I matematici definiscono quest'oscillazione 'curva sinusoidale'. Ci si può figurare che non oscilli una sola volta, ma due volte, tre e anche più spesso».

«Però ci vorrebbero un sacco di salami!» è stato il suo commento esultante.

63

Il dado diventa pallone

«Ma che razza di uovo è mai quello?» è stato lo spontaneo commento di Christoph quando ha visto per la prima volta, in tivù, il pallone dei Mondiali di calcio del 2006.

Non ho capito cosa volesse dire: «Il pallone è tondo come una sfera, mica come un uovo!»

«Proprio tondo come una sfera il pallone non è mai stato» è stata la replica di mio figlio, «ma almeno finora ha avuto un aspetto ordinato».

«Ordinato in che senso?»

«Be', insomma: ordinatamente composto di parti».

«Certo» ho confermato: «Di parti esagonali e pentagonali».

«Appunto. Invece ora ci sono delle parti stranamente tondeggianti».

Il giorno dopo l'ho condotto in un negozio di articoli sportivi puntando con decisione verso il cesto dei palloni «mondiali».

Ne ho preso uno: «Vedi?» gli ho fatto notare in tono saccente. «In realtà, il pallone è composto di pentagoni ed esagoni, e quella figura strana è solo dipinta su!»

Ma Christoph era più informato di me: «Questi sono i palloni che costano poco, quelli che Ballack* non

* Calciatore della nazionale tedesca, allora in forza al Bayern di Monaco di Baviera, ora del Chelsea di Londra. (*N.d.T.*)

toccherebbe nemmeno. In effetti qui il motivo strano è solo dipinto».

Si è guardato attorno e infine ha esclamato «Eccolo!», indicando un pallone in mostra su un altro scaffale, e che in effetti non era un assemblaggio di pentagoni ed esagoni.

«È il pallone dei campionati del mondo. Si chiama 'Teamgeist' [Spirito di squadra]» ci ha spiegato un commesso.

Christoph mi ha fatto verificare: «Questo non è un disegno riportato in superficie. Il pallone è davvero composto da una serie di queste strane parti».

Ho tentato di riprendere l'iniziativa: «E che parti sono?»

«Sembrano suole di scarpe». Christoph sembrava proprio affascinato dal pallone.

«Si chiamano 'pannelli'» ha precisato il commesso.

«Quanti sono i pannelli?»

È stato facile verificarlo. Christoph reggeva la palla in modo che se ne vedeva uno sopra, uno sotto, uno davanti, uno dietro, uno a destra e uno a sinistra. Li ha contati: «Sei».

«Il pallone è fatto solo di quelle parti?» ho insistito.

Christoph lo ha guardato ancora una volta con attenzione: «Fra l'una e l'altra ci sono anche queste componenti a tre lembi».

Nemmeno il commesso ci aveva fatto caso; sta di fatto che non sapeva come si chiamassero.

Non mi sono arreso: «E quante parti a tre lembi ha il pallone?»

Un'ispezione collettiva ha portato al risultato: «Otto».

Mi è venuta un'idea: «Conosci un oggetto geometrico in cui compaiano i numeri 6 e 8?»

Christoph e il commesso mi hanno guardato sconcertati.

Gli ho reso il compito più facile: «Conosci qualcosa di geometrico con il numero 6... qualcosa che abbia, per esempio, sei facce?»

Christoph mi ha guardato con commiserazione: «Non intenderai mica il dado?»

«Nel dado compare il numero 8?»

«Certo? Ha otto vertici!»

Christoph è rimasto in silenzio ma è tornato a osservare il pallone. Mi sono accorto che era sulla strada giusta. «Intendi dire» ha infine detto, pensieroso, «che le parti triangolari erano una volta i vertici d'un dado e le suole da scarpe i suoi lati?»

L'ho aiutato: «Se le parti a tre lembi si contraessero e i pannelli si estendessero corrispondentemente...»

«... e il tutto diventasse spigoloso» mi ha interrotto Christoph, euforico, « potrebbe davvero risultarne un dado!»

Mi ha gratificato con un'occhiata in cui si mescolavano l'entusiasmo per la struttura che aveva colto e la constatazione del contorsionismo mentale dei matematici: «Ce ne vuole però di fantasia per venire a capo della tua matematica!»

64

L'omicidio matematico

Sono abituato al fatto che la mia famiglia non riservi sempre la giusta considerazione al mio lavoro di matematico. Però a volte esagerano.

«Alla fin fine tutto quello che fai si riduce al $2 \times 2 = 4$», mi ha recentemente rinfacciato mio figlio Christoph.

E sua sorella Maria ha rincarato la dose: «Oppure all'$1 + 1 = 2$».

Non so perché ho sentito la necessità di gettare olio sul fuoco. Sta di fatto che mi è venuto spontaneo dire: «No, qualche volta si riduce anche all'$1 + 1 = 0$».

Per un momento c'è stato un sorpreso silenzio, e poi è cominciata la grandine delle battute: «Sì sì, hai ragione. Uno più uno può anche significare due che si accoppiano. Se il risultato è zero vuol dire che non ne è venuto fuori niente» è stato il sarcastico commento di Maria. «Matrimonio senza figli» ha precisato Christoph. E Maria è andata anche oltre: «Comunità omosessuale!»

Ma come fanno i ragazzini d'oggi a sapere tutte queste cose?

Neanche mia moglie s'intende molto di matematica: «Uno più uno uguale a zero potrebbe anche essere il titolo di un giallo. Due tizi che si odiano e alla fine muoiono entrambi».

«Omicidio e suicidio» ha aggiunto Christoph.

È stato come se la mia famiglia volesse farmi fuori a suon di parole. E quindi mi sono accinto a restituire il colpo: «In realtà l'equazione $1 + 1 = 0$ ha un senso preciso, che connette gli inizi della matematica con le odierne applicazioni, per esempio con l'informatica».

«Hai detto 'equazione'? Ma è possibile che tu non sappia» mi ha chiesto con impertinenza Maria «che in un'equazione la parte di destra e quella di sinistra devono avere lo stesso valore?»

Senza reagire all'interruzione, ho continuato: «Uno dei primi matematici fu Pitagora».

«Quello dell'$a^2 + b^2$?»

«Sì, però lui e i suoi allievi hanno osservato anche altri fenomeni. Per esempio hanno studiato i numeri pari e dispari».

«Come 2 e 5».

«I pitagorici hanno anche sommato e moltiplicato questi numeri. E hanno constatato questo: se dei numeri che si vogliono sommare si sa se sono pari o dispari, allora lo si sa anche del risultato».

«È ovvio: $2 + 2 = 4$, pari più pari dà pari» ha constatato Christoph dopo averci pensato su un momento.

Ora li avevo lì dove li avevo intesi portare: «E pari più dispari dà...?»

«Dispari naturalmente: $2 + 5 = 7$» ha risposto Maria senza immaginare dove volevo andare a parare.

«E che cosa manca ancora?»

«Dispari più dispari dà pari».

«$3 + 5 = 8$» ha confermato con distacco mia moglie.

«E ora state attenti!» Ho assunto un tono fra il sarcastico e il misterioso. «Rappresentiamo i numeri dispari con il numero dispari più piccolo, e cioè con 1».

«E i numeri pari» è intervenuta Maria, scimmiottandomi, «con il numero pari più piccolo».

«Ovvero con il 2» ha affermato la famiglia in coro.

Ora che mancava poco allo scoppio della bomba ho domandato: «E se ci fosse un numero pari ancora più piccolo?»

Dopo un attimo di riflessione Christoph ha chiesto con circospezione: «Lo zero?»

Ho confermato: «Lo zero è un numero pari. Perché se divido zero caramelle fra voi due, rimarrete entrambi delusi, però il ragionamento fila lo stesso».

E qui siamo arrivati al clou: «Se invece di dispari diciamo '1' e invece di pari '0', allora dal principio 'dispari più dispari è pari' si desume assai semplicemente che '1 + 1 = 0'».

«Come nei bit» è stato lo stupito commento di Christoph, mentre Maria ha dichiarato: «Sì sì, sarà! Però anche la battuta sull'omicidio e sul suicidio non era poi tanto male».

65

Come diventare infinitamente ricchi

Ognuno vorrebbe avere tanti soldi. Si può discutere se siano i soldi l'unica molla a sollecitare l'operato umano (io non lo credo), ma in ogni caso è sempre piacevole disporre di sufficiente liquidità.

La cosa migliore sarebbe ovviamente riuscire a mettere insieme i quattrini senza dover lavorare. L'ideale sarebbe dover solo tendere la mano per vederla riempirsi di soldi.

Un'idea cervellotica? Un'illusione? Una fata morgana? Sì e no. Perché la matematica ci dimostra che è effettivamente possibile! Potete diventare infinitamente ricchi... e senza che per questo qualcuno diventi più povero.

Ovviamente è possibile a una sola e precisa condizione: che i soldi disponibili siano infiniti. Che esista, poniamo, un infinito numero di monete da 1 euro. Non solo 1,7 miliardi (fu il corredo iniziale di pezzi da 1 euro che paesi come la Germania ebbero all'adozione della nuova moneta), ma davvero infinitamente tanti. Precisato ciò, quello che segue è solo un esperimento mentale. Purtroppo.

Potreste dire: e allora che gusto c'è? Vi assicuro: può dare soddisfazione anche così.

Supponiamo dunque che anche il numero degli esseri umani sia infinito. Si mettono tutti in fila e ognuno si vede consegnare un euro. Ora andate in cima alla fila e allungate la mano. Accade l'incredibile: otterrete continuamente altri euro senza che gli altri ci rimettano.

La faccenda funziona così. Il primo della fila cede alla vostra inespressa sollecitazione e vi dà il suo euro. A questo punto non ha più niente: ma solo per breve tempo, perché il secondo della fila dà il suo euro al primo. Poi il terzo dà il suo euro al secondo e così via. Ognuno nella fila ha prima e dopo un euro: perché non fa in tempo a dar via il suo che ne riceve uno da quello che lo segue.

A questo punto presumo che obietterete: «Che me ne faccio di un solo euro? Non ci si compera quasi niente!»

Già, ma chi vi impedisce di continuare semplicemente ad allungare la mano? Il primo vi dà l'euro che ha nel frattempo ottenuto, e ottiene poi dal secondo l'euro che ha...

Allungate la mano una terza e una quarta volta. A ogni passaggio vi daranno un euro senza che dobbiate dar nulla in cambio.

Ve l'avevo detto: nessuno della fila diventa più povero, e voi non dovete far altro che allungare la mano per diventare sempre più ricchi! Il sistema, per così dire, sputa euro in continuazione.

È un esperimento mentale che si potrebbe ampliare: non solo voi potete diventare ricchi, ma anche la vostra famiglia e i vostri amici. È molto semplice: al primo passaggio prendete voi l'euro, al secondo si fa avanti vostra moglie, poi vostra figlia, poi il vostro migliore amico. E quando tutti avranno il loro euro torneranno a mettersi in cima alla fila.

Questo esperimento mentale espone in un modo molto suggestivo le qualità delle quantità infinite. Il matematico tedesco Georg Cantor (1845-1918) fu il primo a studiarle in maniera sistematica. Nell'infinito molte cose sono completamente diverse. Perché con le quantità infinite si può essere molto più generosi: anche quando si elimina un oggetto, la quantità rimane ugualmente grande. Alcuni dicono a questo proposito che «l'infinito meno uno è (sempre ancora) infinito» e lo scrivono in questo modo: «$\infty - 1 = \infty$».

Anche eliminando molti oggetti, migliaia o decine di migliaia o un fantastilione di oggetti, la quantità rimane sempre costantemente grande: almeno fino a quando si eliminino oggetti disponibili in quantità infinita. Si può dunque formularlo anche così: «∞ – un fantastilione = ∞». Quasi da non credere, però matematicamente vero. Purtroppo, tuttavia, solo nell'infinito...

66

Duemila anni di paghetta

I ragazzi sono fatti così. Si concorda con loro la paghetta, loro promettono di farsela bastare, ma poi di fatto non gli basta mai. Gli appelli al risparmio rimangono inascoltati. La proposta di investire quel denaro e di farlo aumentare con gli interessi incontra una totale incomprensione.

«Se porti i soldi in banca e non li tocchi, aumenteranno da sé» ho cercato di far capire a mia figlia Maria.

«Invece nel mio caso i soldi diminuiscono sempre».

«Per forza: perché li spendi».

«Mi pare ovvio: i soldi sono fatti per questo».

«Però potresti lasciarli in banca e...» Qui mi sono azzittito, constatando l'imminente urlo d'insofferenza da parte di Maria. Del resto avevamo già dibattuto l'argomento.

Dopo qualche tempo ci ho riprovato. «Se alla nascita di Gesù Cristo tu avessi investito 100 euro, ora avresti non milioni, ma miliardi di euro e potresti vivere tranquillamente degli interessi!»

«Ti sembro Gesù?» è stata la velenosa replica di Maria.

Però poi ha continuato evidentemente a pensarci perché, passato qualche tempo, è stata lei a venire a chiedermi: «Com'è possibile che quei pochi interessi diventino una somma così enorme?»

Ci stavamo muovendo sul terreno neutro della matematica, senza implicazioni o recriminazioni personali, e quindi ho colto subito l'occasione: «Supponiamo che tu porti 100 euro in banca e che li lasci lì. Quanti euro avrai dopo un anno?»

«Dipende dagli interessi».

«Certamente. Diciamo che ti fruttino il 2 per cento».

«E allora mi spetterebbe un 2 per cento in più, e cioè due euro. Avrei 102 euro! Un'enormità! Da spendere e spandere!» ha aggiunto, sprezzante.

«E l'anno dopo?»

«Altri due ridicoli euro».

«Pensaci bene. Perché è questo il punto essenziale. Se ogni anno si aggiungessero solo due euro al tuo capitale, allora avresti oggi – circa duemila anni dopo la nascita di Cristo – solo duemila per due, ovvero quattromila euro di interessi. E non sarebbe davvero valsa la pena di lasciare i tuoi soldi in banca».

Maria non ha commentato e perciò ho proseguito il ragionamento: «Il fatto è che tu, il secondo anno, hai diritto agli interessi non solo sui 100 euro, ma anche sui due euro d'interesse del primo anno: i cosiddetti interessi composti».

«Molto non possono essere».

«Calcoliamoli. Avendo tu diritto al 2 per cento d'interesse, devi moltiplicare l'importo sempre per 1,02. Così, alla fine del secondo anno, avresti 102 per 1,02, ovvero 104,04 euro».

«Wow!» è stato l'ironico commento di Maria. «Anche il terzo anno devo moltiplicare l'importo per 1,02, e poi anche il quarto, il quinto... Quanti saranno diventati gli euro dopo dieci anni?»

«È molto semplice: 1,02 alla decima, vale a dire si

moltiplica questo numero 10 volte per se stesso... e poi si moltiplica il tutto per 100 euro. Vediamo cosa ci dice la calcolatrice».

La delusione è stata grande: l'importo è risultato di 121,90 euro soltanto.

«Non mi sembrano davvero tanti. Dammela» ha detto Maria facendosi consegnare la calcolatrice. Ha battuto 1,02 alla centesima per 100 euro. Risultato: 724,46. Maria non si è fermata qui: «1,02 alla millesima potenza per 100 euro fa... 39.826.465.165,81 euro». Ha dovuto leggere il numero due volte per assicurarsene: «Dopo mille anni sarebbero oltre 39 miliardi!» E a questo punto il suo entusiasmo è diventato autentico.

«E dopo duemila anni?» ho domandato.

«Fanno...» Ha battuto l'operazione e mi ha mostrato il risultato sul display: 15.861.473.276.037.127.496,19. «Papà, leggimelo tu!»

«15 trilioni, 861 biliardi, 473 bilioni, 276 miliardi, 37 milioni, 127 mila 496 euro e 19 centesimi».

«A quel punto non mi occorrerebbe davvero più la paghetta» è stato l'asciutto commento di Maria.

Indice

ALBRECHT BEUTELSPACHER

MATEMATICA DA TASCA

Ma chi l'ha detto che la matematica è una materia noiosa, arida, difficile, astratta? Renderla divertente, stimolante, piena di fascino e persino poetica è lo scopo di questa raccolta di «storie matematiche» che si propone di spiegare ai non adepti problemi fondamentali e non dell'universo matematico e logico.
Due pagine per affrontare ogni argomento: si parte dal funzionamento dell'abaco per arrivare al calcolo delle probabilità, passando per il teorema di Fermat, il paradosso di Achille e la tartaruga, l'antinomia di Russell, le bolle di sapone, la quadratura del cerchio e i solidi platonici. E Beutelspacher non dimentica, con un tocco di umorismo, di mettere in luce anche alcuni limiti e testardaggini inutili della matematica come il laborioso tentativo di dimostrare quale sia la disposizione migliore per una catasta di arance, cosa che tutti i fruttivendoli sanno dalla notte dei tempi.
Piccoli assaggi di «pensiero» logico e matematico per tutti i palati.

PONTE ALLE GRAZIE

Fotocomposizione Editype s.r.l.
Agrate Brianza (Milano)

Finito di stampare
nel mese di gennaio 2008
per conto della Adriano Salani Editore S.p.A.
dal Nuovo Istituto Italiano d'Arti Grafiche - Bergamo
Printed in Italy